今すぐソーシャルメディアのアカウントを削除すべき10の理由

TEN ARGUMENTS FOR DELETING YOUR SOCIAL MEDIA ACCOUNTS RIGHT NOW

Jaron Lanier
ジャロン・ラニアー
大沢章子＝訳

AKISHOBO

猫についての序章

まずは猫の話から始めよう。オンラインには猫があふれている。可愛らしい猫の動画は他のどんな動画よりも拡散されやすい。

なぜ犬ではなく猫なのか？[註1]

犬は、人類の祖先のところに出向いて一緒に暮らしたいと申し出たわけではなかった。我々人類が犬を飼い馴らした。[註2]犬は人の言うことをきくように育てられた。おとなしく訓練を受け、突飛な真似はしない。犬は人間のために働く。といっても犬を否定しているわけではない。[註3]忠実で頼りになる彼らは素晴らしい。

しかし猫は違う。猫は人類の祖先のもとにひょっこり現れ、ある意味自分の意思で人と暮らし始めた。その行動は予測不可能。人気の犬の動画はしつけの良さを自慢するものが多いが、大人気の猫の動画は、クールで驚きに満ちたその行動をとらえたものだ。

猫は頭のいい動物だが、あなたが確実に飼い馴らせる動物を望んでいるなら猫はお勧めではない。猫のサーカスの動画を観てみればいい。覚えた芸当を披露するかしないか、客席での観客サービスをするかしないかを決めているのが、明らかに猫自身であることに感動させられる。

猫は不可能と思われることを成し遂げた。つまり、自分らしさを保ったまま、現代のハイテクな暮らしに溶け込んだ。主導権は相変わらず彼らの手中にある。悪意をもった正体不明の独裁者に金で買われたアルゴリズムが密かに作り出すミーム〔インターネット上で人から人へと拡散するテキストや画像〕に、あなたの猫が支配される心配はない。あなたの猫は誰の指図も受けない。あなたのも、誰のも。

私たち人間についてもそう言い切れたらどんなにいいだろう！　オンラインの猫の姿は、インターネットの世界における人類の未来についての我々コンピューターテクノロジストの夢であり希望なのだ。

一方、犬は好きでも、犬のようになりたいとは思わない。少なくとも人間と犬の力関係は真似したくないもので、フェイスブックなどのソーシャルメディアが人々を犬に変えてしまうことを我々は恐れている。オンラインでは些細なことで悪意のスイッチが入りやすいが、それを「犬笛」に誘われると呼ぶのがいいかもしれない。犬笛の音は犬にしか届かない。すでにひそかに支配が始まっているのではないかと我々は心配している。

この本には、猫になる方法が書かれている。四六時中監視され、人々を操縦することを唯一の収入源として莫大な利益を上げるいくつかの企業が運営するアルゴリズムによって、常に行動を促され続ける世界で、どうすれば自律的に生きられるのか？　そんな世界で猫として生きる方法は？

本書のタイトルに嘘はない。ここには、今すぐすべてのソーシャルメディア・アカウントを削除すべき10の理由が書かれている。本書があなたの役に立つことを願っているが、10の理由のすべてに納得できたとしても、あなたはいくつかのアカウントは残そうと決めるかもしれない。それはあなたの自由であり、猫として生きることだ。

10の理由についての説明の中で、あなたが自分にとって何がベストかを決断するために役立ちそうないくつかの考え方を述べるつもりだ。しかし、答えを出すのはあなただ。

著者による追記――二〇一八年三月

本書は主として二〇一七年の末に執筆したものだが、二〇一八年に起きた出来事が本書と大いに関わりがあることが明らかになった。原稿は完成していた、すっかり、完全に――印刷所に届けられようとしていた――そんなときにケンブリッジ・アナリティカのスキャンダル〔ビッグデータ分析を行うケンブリッジ・アナリティカが、フェイスブック上で自己診断テストを受けたユーザーとその友人の個人情報を入手し、そのデータが二〇一六年のアメリカ大統領選挙で利用された〕が暴露され、フェイスブックのアカウントを削除する草の根運動がまたたく間に社会に広がったのだ。

残念ながら、すべての著名人やオピニオンリーダーが、必要とされる勇気をもってこの問題に対処したわけではなかった。ソーシャルメディアの利用をやめようとしたがやめられなかった学識者もいた。利用をやめられるのは恵まれた環境にいる限られた人たちで、そういう恵まれない人たちを置き去りにしてさっさとやめるような冷淡な真似はできない、という意見の人もいた。やめるかどうかは関係ない。重要なのは政府に働きかけてフェイスブックに規制をかけることだ、と主張する人もいた。

アカウント削除についてのプロのコメンテーターの考えは、概して横柄で気取ったものだった。そしてまったく間違っていた。

どうか私の話を聞いてほしい！

たしかに、ソーシャルメディアをやめられるのは一部の特権的な人たちだ。どうしてもやめられない人も多い。けれども、やめる自由があるのにやめないのは、自分より恵まれない人たちを支援する行動ではない。多くの人が閉じ込められているシステムを擁護しているだけだ。私は、ソーシャルメディアのアカウントをもっていなくても、メディアで活動できることを示す生き証人だ。私たちにはソーシャルメディアを使わないという別の選択肢があるのだから、その選択肢をためしてみるべきで、さもなければそれはただの机上の空論に終わってしまう。

ビジネスは利益がすべてだから、別の選択肢をもっている私たちには影響力と責任がある。あなた、そう、そこのあなたには、社会を破壊するつまらない道具を使わずに生きる道を見つけ、人々に示して促す責任がある。

ソーシャルメディアをやめることは、私たちが犯した大きな失敗を取り返す方法を模索するための、いま現在の唯一の道なのだ。

CONTENTS

理由3

ソーシャルメディアはあなたを最低の人間にするから

理由4

ソーシャルメディアは真実を歪めるから

理由8　ソーシャルメディアはあなたの経済的安定を脅かすから

理由9　ソーシャルメディアは政治を歪めるから

理由10 ソーシャルメディアはあなたの心を嫌っているから

※本文中〔〕は訳註

理由1

ソーシャルメディアは自由意志を奪うから

実験動物の暮らしへようこそ

いま世界では、まったく先例のないことが起きている。ここ五年から十年の間に、ほぼすべての人が、スマートフォンという名の小型デバイスを肌身離さずもち歩くようになり、おかげでアルゴリズムは人々の行動を簡単に操れるようになった。スマートフォンだけでは飽き足らず、スマートスピーカーという名の関連機器を、キッチンカウンターや車のダッシュボードに取り付けている人も多い。私たちは四六時中監視され、計測され、操縦的なフィードバックを受け取り続けている。正体不明の専門技術者によって、目的も知らされないままに少しずつ暗示をかけられている。今や誰もかれもが実験動物と化してしまった。

アルゴリズムは、片時も休まずあなたのデータを貪り続ける。どんなリンクをクリックしやすいか？　どんな動画なら最後まで観るか？　あるサイトから別のサイトへ移動するスピードは？　そのときあなたはどこにいるか？　実際に会う友人は誰で、オンラインでは誰とつながっているか？　どんな表情をするか？　状況によってあなたの肌の色合はどんなふうに変化するか？　何かを買う、あるいは買わない決断をする直前のあなたの行動は？　選挙に行くのか行かないのか？

これらすべての測定値や、それ以外のあなた関する数々のデータは、大掛かりな監視によって集められた大勢の人々についての同様のデータと比べられてきた。アルゴリズムは、あなたの行動と、あなた以外のほぼすべての人のこれまでの行動に相関を見つけようとする。

アルゴリズムはじつはあなたのことなど理解していないが、数には、特に大きな数には力がある。あなたと食の好みが似ている人の大多数が、選挙の候補者の写真の縁取りがブルーの場合よりピンクの場合により嫌悪感を感じやすいなら、あなたもおそらく同じように感じるはずで、その理由を知る必要はない。統計値は信頼できるが、あくまでも一定の条件下で自動的に作動するプログラムとしてだ。

あなたは今、悲しく、ひとりぼっちで怯えている？　幸福で自信にあふれている？　生理中？　社会格差を実感している？

いわゆる広告主は、あなたと同じ傾向をもち、同じような状況に置かれていた人々に効果的だったメッセージを、絶好のタイミングであなたにも送りつけて操縦しようとする。「いわゆる」と但し書きをつけたのは、誰かに直接働きかけて操縦する行為は広告とは呼べないからだ。以前は、広告主が商品を売り込む機会は限られていた。売り込みがあざとく、煩わしく感じられたとしても、一時的なものだった。しかも、大勢の人々が、同じテレビCMや活字媒体の広告を見ていた。つまりかつて広告は一人ひとりに合わせて作られたものではなかった。昔と今の最大の違いは、昔は、あなたを依存させ、行動を修正するために最適化され続ける刺激――「コンテンツ」であれ広告であれ――を与えるために、人々が四六時中監視され、データ測定されることなどなかったということだ。

現代では、ソーシャルメディアのアカウントをもつすべての人が、スマートフォンを使っている間じゅう個別化され、微調整を加えられた刺激を休みなく与えられ続けている。かつては広告と呼ばれていただろうものが、今や大規模で継続的な行動修正の手段と化していることを知っておくべきだ。

どうか怒らないで聞いてほしい。そう、私は、あなたがたがほんの少しだが、飼い馴らされた犬か、もっと気にさわる言い方をすれば実験動物かロボットになりかけている可能性を指摘している。巨大企業の顧客らによって、ほんの少しだがリモートコントロールされているのではないか、と。でも、もしも私の言っていることが正しければ、気づくことでそれを回避できるかもしれない。だから耳を傾けてほしい。お願いだ。

科学の世界に行動主義と呼ばれる考え方が生まれたのは、コンピューターが発明される以前のことだった。行動主義心理学者たちは、動物や人間を訓練するための新たな、より方法論的で無味乾燥な、専門的な方法について研究していた。

著名な行動主義心理学者の一人にB・F・スキナーがいた。彼が考案したスキナー箱で知られる実験方法は、箱の中に入れられた動物が特定のある行動をすると褒美が与えられるしくみだった。動物をなでたり、囁《ささや》きかけたりすることは一切なく、ただ機械的に褒美が与えられるだけ——それが近代的な新種の訓練だとされた。多くの行動主義者たち——しばしば不気味な雰囲気を漂わせていた——が、この実験法を人間にも使った。行動主義的実験法はしばしば成功し、誰もがそれに夢中になり、やがて恐ろしい「マインドコントロール」を題材にしたSF映画やホラー映画が大量に生まれた。

問題は、行動主義的手法を用いて誰かを思い通りに操ることができ、しかもその誰かはそのことに気づきもしないということだ。つい最近までは、大学の心理学研究棟の地下で行われる実験の被験者を引き受けないかぎり、そんな目に遭うことはなかった。大学の地下にある実験室では、被験者はマジックミラー越しに誰かに観察されながら実験を実施された。そのとき被験者は、それが実験であることは知っていたが、自分がどのように操縦されているのかはわからなかった。それでも、少なくとも何らかの形で自分の行動が操縦されることを被験者は承諾していた（いや、必ずしもそうではなかった。囚人や貧しい人々、そして特に差別を受けている人々を被験者とする、あらゆる種類の残虐な実験が行われた）。

本書は、ふと気づけば当然のように行われていること——広がる監視網、絶え間のない巧妙な操縦――が、いかに非倫理的で残酷、危険で非人間的なことであるかを10の理由を挙げて説明する。危険かって？　もちろん。なにしろ、その力を誰が、何のために使うかわからないのだから。

実験動物を気づかい始めたマッドサイエンティスト

みなさんも、巨大ソーシャルメディア企業――「行動修正の帝王」と呼びたいくらいだ――の創業者たちの悲痛な告白を聞いたことがあるかもしれない。

たとえばフェイスブックの初代社長を務めたショーン・パーカーはこう言っている。

「ユーザーには、ちょっとしたドーパミン・ヒットをときどき与える必要がある。写真や投稿、その他のどんなものにでも、誰かが『いいね』をしたりコメントを書いたりするから……社会的評価のフィードバックループができる……私のようなハッカーがいかにも思いつきそうなしくみだ。なにしろハッカーは人の心の弱さにつけこむものだから。インベンターやクリエイター――つまり私やマーク（・ザッカーバーグ）、インスタグラムの共同創業者であるケヴィン・シストロムを始めとする業界の人間たちはみな――そのことをはっきりと理解していた。そのうえでともかくやってみた……ソーシャルメディアは人と人の、そして人と社会の関わり方をすっかり変えてしまい……そしておそらく思いもつかない形で生産性を低下させることになるだろう。子どもたちの脳にどんな影響を与えるかは神のみぞ知るところだ[註1]」

かつてフェイスブックのユーザー拡大担当副社長を務めていたチャマス・パリハピティアは次のように述べている。

「私たちが作り上げた、ドーパミン主導の短期的なフィードバックループは、社会を破壊しつつある……（いまや社会には）礼儀正しい会話も協力も存在しない。あるのは偽情報と歪曲された真実だけ。そしてこれはアメリカに限った問題ではない――ロシアの宣伝〔ロシア疑惑。ロシアの情報機関が二〇一六年の米国大統領選で、トランプ大統領を勝たせるために、サイバー攻撃やSNSを使ったプロパガンダを行使した疑いがある〕の話でもない。これは世界的な問題だ……私は罪悪感で一杯だ。みな、心の奥底ではわかっていたのだと思う――想定外の問題なんてまず起こらないよ、などと口では言っていたけれど。心の奥では、私たちはみな何らかの悪影響が出るかもしれないとわかっていたと思う……だから今は、私に言わせれば最悪の状況だ。（このフィードバック・ループは）人間関係の土台を蝕みつつある。しかも私は問題を解決するすべをもたない。唯一の解決策は、ソーシャルネットワークというツールを使わないことだけだ。私自身はもう何年もソーシャルネットワークを利用していない[註2]」

遅まきながらでも気づかないよりはましだ。私を含む多くの批評家が、すでにちょっとした悪影響が出始めていると警告していたが、実際にソーシャルメディアを創り上げてきた人々からこのような反省の弁を聞けるのは前進であり、一歩前に進んだということだ。

私はこれまで、シリコンバレーの友人たちからの情け容赦のない非難に耐えてきた。自分たちがやってきたことを批判する裏切り者だとみなされてきたからだ。ところが最近はそれとは正反対の問題に直面している。シリコンバレーの人間のほとんどはいい人で、どうか悪者扱いしないでほしいとかばったせいで、非難を浴びているのだ。同じコミュニティの仲間に対して、果たして私は厳しすぎたのか甘すぎたのか、もはやよくわからない。

しかし今考えるべきより重要な問いは、そもそも批判など気にしている場合か？　ということだ。有害なテクノロジーが社会を蝕んでいるのは否定しようのない事実で——しかし私たちは、あなた、そこのあなたのことだ、それに抵抗し、世界をよりよい方向へ向かわせることができるのだろうか？

フェイスブックやグーグル、ツイッターなどのテック企業は、自分たちが生み出した重大な問題のいくつかの修正に、ほんの少しずつだがようやく乗り出した。周囲から圧力をかけられたから？　それとも、それが正しいと考えて？　おそらくそのどちらでもあるのだろう。

これらの企業はポリシーを変更し、何が起きているかを監視するために人を雇い、データサイエンティストを雇って最悪の失敗を防ぐアルゴリズムを開発させようとしている。フェイスブックのかつてのモットーは「素早く行動し、破壊せよ」[註3]だったが、今はもっとましなものに変更し〔「安定的なインフラとともに素早く行動せよ」〕崩壊しかけた世界の破片を掻き集めてなんとか元通りにしようとしている。

しかし私は、企業の力だけではこの世界を元通りにすることはできないと考えている。シリコンバレーの人々が後悔の念を吐露しているのだから、彼らが問題を解決してくれるのを待っていればいい、とあなたは思うかもしれない。しかしそううまくはいかない。あなたがたユーザーが手を貸してくれなければ、解決の道はない。

本章では、人々を依存させ操縦するネットワーク・サービスのしくみの背後にある、いくつかの重要な考え方について説明する。気づくことが自由への第一歩なのだ。

アメとムチ

パーカーは、フェイスブックが意図的に人々を依存へと導いたと言い、パリハピティアは、フェイスブックが人間関係や社会に及ぼした悪影響に言及している。彼らが認めるこの二つのフェイスブックの過失はどう関連しているのだろう？

ソーシャルメディアに利益をもたらし、一方で社会を崩壊させる原因ともなった中心的手法とは行動修正だ。そして行動修正には、動物や人間の行動様式を変えるための方法論的な技術が不可欠だ。この技術は依存の治療にも役立つが、依存を生み出すためにも使える。

社会が崩壊するのは、依存が人をおかしくするからだ。人は依存が深まると、現実の世界や生身の人間とのつながりを徐々に失っていく。操縦的な仕組みにのめり込む人が増えれば、この世は狂気じみた、悪意に満ちた世界となる。

依存が起こる仕組みは神経学的なもので、まだ完全に解明されてはいない。報酬を与えられることによって行動修正が起きるメカニズムに、快楽物質であるドーパミンが深く関わっていると考えられている。パーカーがドーパミンの話をもち出したのはそのせいだ。

行動修正法、とくにスマートフォンなどのガジェットを介した現代的な行動修正法の効果は統計的なものだ。効果は確かにあるが、絶対的なものではない。集団全体についてはある程度の効果が予測されるが、集団の一人ひとりについては必ずしも効果があるとは言えない。つまりあなたは、一定程度行動主義科学者の実験用動物と化している。けれども、効果がはっきりしないから、あるいはおおよその予測だからといって、現実にそうならないわけではない。

元々、行動主義の実験では食べ物が報酬として用いられるのが普通だった。食べ物でつる習慣の起源は古代にまで遡る。動物のトレーナーはみな食べ物を使い、犬がうまく芸をすると、少しばかりの食べ物を褒美に与える。幼い子をもつ多くの親たちも同じことをしている。

行動主義科学の草分けの一人であるイワン・パブロフは、本物の食物を使わなくても条件づけができることを証明したことで知られる。犬に褒美の餌を与える際にベルを鳴らす訓練を続けたところ、やがて犬はベルを聞いただけでよだれを垂らすようになった。

リアルな報酬の代わりにシンボルを使うやり方は、今では行動修正の主要な手法となっている。たとえば、キャンディクラッシュのようなスマートフォン用ゲームは、本物のキャンディではなく色鮮やかなキャンディの画像を使って人々をゲームに夢中にさせている。他にも、ピカピカのコインや宝物で人々を虜にするビデオゲームもあるだろう。

癖になる快楽と脳の報酬系システム――ショーン・パーカーが言う「ちょっとしたドーパミン・ヒット」――は、ソーシャルメディア依存の根本的要因の一つだが、それがすべてではない。なぜならソーシャルメディアは罰と否定的強化も用いるからだ。

行動主義科学者の実験室ではさまざまな種類の罰が使われてきた。電気ショックが当たり前のように使われていた時期もあった。しかし、報酬がそうであるように、罰も必ずしもリアルで物理的なものである必要はない。被験者にゲームの特典やトークンを与えないことを罰とする実験もある。

ソーシャルメディアを使っているとき、あなたは報酬と電気ショックの両方を受け取っているようなものだ。

ソーシャルメディアの利用者のほとんどは、なりすまし[註4]や理由のわからない拒絶、無視、誹謗中傷のどれかまたはすべて、あるいはもっとひどい経験をしたことがある。アメとムチが揃ってこそ効果を生むように、不愉快なフィードバックも、人を喜ばせるフィードバックと同じくらい、誰かを依存させ、その行動をひそかに操るために有効なのだ。

謎に魅せられる

パーカーが「ときどき」と言ったのは、おそらく行動主義心理学者が動物や人間の行動を研究する中で発見した興味深い現象を念頭に置いてのことだ。ある特定の行動をするたびに必ず報酬を——肯定的な社会的承認であれ、キャンディ一個であれ——与えられた人や動物は、その行動をさらに繰り返すようになりやすい。つまり、ソーシャルメディアへの投稿を褒め称える反応を貰うと、人はもっと投稿するようになる。

それ自体は何の問題もないように思えるが、しかしこれがソーシャルメディアへの依存の第一歩であり、その人個人にとっても社会にとっても問題となる。シリコンバレーの人間はこの状態を「エンゲージメント」という体裁のいい名で呼んでいるが、自分の子どもについてはそうならないように十分気をつけている。シリコンバレーで働く私の知人の子どもの多くはシュタイナー学校に通っていて、そこでは通常電子機器の使用は禁じられている。

興味深い現象に話を戻そう。その現象とは、肯定的、否定的なフィードバックの両方が依存を引き起こすことではない。完璧なフィードバックよりも、ランダムな、あるいは予想外のフィードバックのほうがエンゲージメントを高めるということだ。

たとえば、あなたが子どもだとして、プリーズと言うと必ずすぐにキャンディをもらえたとしたら、あなたはもっとプリーズを使うようになるだろう。しかし、たまにプリーズと言ってももらえないことがあったとしたら？　その場合は徐々にプリーズと言わなくなるだろうとあなたは予想するかもしれない。何しろプリーズと言っても、必ずご褒美がもらえるわけではなくなったのだから。

ところが、実際にはそれとは正反対のことがときどき起きる。まるで、人の脳には物事に秩序を見つけたがる習性があって、難題に立ち向かわずにはいられないように。「隠された別のしかけがあるはずだ」と問題解決に躍起となったあなたの脳がつぶやく。あなたはプリーズをさらに連呼し、その言葉とご褒美との隠れたつながりが明らかになるのを待つ。たとえ実際には、どんな秩序も存在していなかったとしても。

科学者なら、まったく意味のわからないものに秩序を見出そうとするのは健全なことだ。おそらく、発見されるべきより深遠な秩序が存在しているということだから。またあなたが台本を執筆中なら、いい意味のデタラメさは素晴らしい武器となる。少しばかりの不調和は、物語や登場人物をより魅力的にする。

しかし多くの場合、無秩序なフィードバックは人を不快な形で縛りつける力となる。人がグリッチーなフィードバックに魅了されやすいのは、多くの人が、自分を正当に扱わない相手と「共依存」関係に陥りがちなのと同じ理屈だろう。

ソーシャルメディアでランダムなフィードバックを与えるのはとても簡単だ。アルゴリズムはそもそも完璧ではなく、フィードバックにバラツキがあるのは当然のことだから。しかしそれだけではなく、ソーシャルメディアのニュースフィードに配信される情報には、たいていの場合計算された意図的なランダム性が付与されている。これは、心理学ではなく基本的な数学に動機づけられたものだ。

ソーシャルメディアのアルゴリズムは通常「適応的」で、つまりよりよい結果を得るために、自らに微調整を加え続ける。ここで言う「よりよい」結果とは、よりエンゲージメントを高め、より大きな利益を上げることを意味する。そしてこの種のアルゴリズムは常に少しばかりのランダム性を伴う。

ここで、あなたが猫の動画で幸せな気分になってから五秒後に、アルゴリズムが鍋敷または株式の購入を勧める広告を送りつけてきたと仮定しよう。適応的アルゴリズムは、猫の動画から広告の配信までの間隔を、たとえばそう、四・五秒に変えたらどうなるかを見極めるテストを随時自動的に実施する。それによってあなたが商品を購入する可能性は高まっただろうか？　高まった場合は、調整後のそのタイミングが、それ以降のあなたニュースフィードはもちろん、色の好みから運転の仕方にいたるあらゆることを理由にあなた

と似ていると見なされた大勢の人々のニュースフィードにも適用される。[註5]

しかし、適応的アルゴリズムも時折動きを止めることがある。設計にそれ以上の微調整を加えてもさらなる利益を産まない場合、それ以上の微調整は行われない。投稿までの間隔を四・五秒に変更したあなたが鍋敷を買う可能性は低下し、五・五秒にしてもやはり低下するなら、設定は五秒のままとなる。利用可能な科学的根拠に基づいて、五秒が最適なタイミングと判断される。ランダムな微調整によって効果が認められない場合、アルゴリズムは適応を停止する。けれども、適応的アルゴリズムは適応を完全に停止するわけではない。

より大きな変更を加えればよい結果が得られるとしたらどうだろう？　仮に二・五秒がより適切なタイミングだとしよう。けれども、さらなる微調整でその事実が明らかになることはない。アルゴリズムは五秒の設定で停止しているからだ。これが、適応的アルゴリズムがたまにより大きなフィードバックのバラツキを示すことがある理由だ。アルゴリズムはときどき、まずまずの設定から大きく逸脱することによってよりよい設定を見つけ出すことがある。[註6]

適応的なシステムはしばしばこのような飛躍的なメカニズムを含みもつ。その一例が、自然進化に生じるその種に有利な突然変異で、それはたいてい個体の遺伝子を次世代に伝えるかどうかを決める、より緩やかに進む自然淘汰の産物だ。突然変異は新しい可能性をもたらすワイルド・カードであり、大きな飛躍なのだ。突然変異はときおり現れてその種に奇妙で魅力的な新たな特性を付け加える。

神経科学者は人の脳内でも当然同様のことが起きているのではないかと考えている。人の脳が適応的に働いていることは間違いない。人の脳は驚きを求めるように適応的進化を遂げてきたのかもしれない。自然は型にはまることを嫌うからだ。

アルゴリズムが人に体験を与える際の、最適解を効率よく求めるためのフィードバックのランダム性が、依存を引き起こしていることがわかっている。アルゴリズムは、人の脳を操縦するのに最適な変数を見つけようとし、一方の脳は、ランダムなフィードバックに隠されたより深い意味を探り出そうとして、さらに変化し続ける。これは純粋数学の世界で繰り広げられるイタチごっこだ。アルゴリズムが与える刺激には実は何の意味もなく、刺激にバラツキがあるのは当然のことだから、脳は現実ではなく、架空の物事に適応しつづけていることになる。この過程こそ――捉えどころのない幻想の虜《とりこ》になることこそが――まさに依存なのだ。アルゴリズムがマンネリを避けようとすればするほど、人の心はそれにのめり込んでしまう。

この数学と人の脳の関係をオンラインで探求した先駆者はソーシャルメディア企業では

なく、ビデオポーカーなどのデジタル・ギャンブルマシンやその後のオンラインのギャンブルサイトの開発者たちだ。現実のギャンブル界の創始者たちからは、ソーシャルメディアが自分たちのアイデアを盗んで大儲けしているとの文句がときおり出ることがあるものの、ソーシャルメディアのおかげでカモを特定しやすくなったという意見のほうが多い。[註7]

他人がこの世を天国にも地獄にもする[註8]

ソーシャルネットワークは人々に別の次元の刺激も与えている。それは社会的圧力だ。人は社会的地位や社会からの批判、社会的競争にひどく敏感だ。たいていの動物とは違って、人は非常に無力な状態でこの世に生まれ、しかもその状態が何年も続く。生き延びる唯一の方法は、家族や周囲の人々とうまくやることだ。つまり人間の脳にとっては社会的関心は任意の特性ではない。生まれもった本能だ。

ミルグラム実験やスタンフォード監獄実験などの有名な研究から、他者の考えには被験者たちの行動を変容させる強い影響力があることがわかっている。これらの実験では、ごく普通の一般市民が、他人を痛めつけるなどのおぞましい行動を強要されて従ったが、そこに働いていたのは社会的圧力だけだった。

ソーシャル・ネットワークの世界では、これまでずっと、社会的感情の操縦が、人々に報酬や罰を与えるもっとも簡単な方法だった。この先、あなたがアルゴリズムの希望どおりの行動をしたらドローンが本物のキャンディを投げ落としてくれるようになればそうではなくなるかもしれないが、今のところは、あなたにどう感じさせるかが――とくに他人の思惑についてあなたにどう感じさせるか――がすべてだ。

たとえば、私たちは自分がかっこよく、魅力的で、社会的地位が高いと思われていないのではないかと感じると嫌な気分になる。こうした不安は根が深い。そして心を傷つける。[註9]社会不安を感じることは誰にでもあるし、誰でも子どもの頃に社会不安を武器に使ういじめっ子に出会ったことがあるが、おそらくそれは、いじめる側になることによって自分がいじめられる可能性を減らせたからだ。普段はたしなみのある人までが、社会不安を煽るいじめの被害者に辛くあたりがちなのもそのせいだ。社会不安がもたらす苦しみを恐れるあまりに、一時的に良識を失ってしまう。

社会的感情のすべてを否定するつもりはない。他者と関わることによって、人は仲間意識や同情、尊敬、憧れ、感謝、希望、共感、親近感、興味、その他のさまざまな肯定的な感情を体験できる。一方で、恐れや敵意、不安、憤り、反感、嫉妬、そして相手をあざ笑いたい欲求などの否定的な感情を抱く場合もあるかもしれない。

もしも社交が生む感情が罰や報酬の働きをしうるとしたら、人の行動を変えるためにより有効なのは報酬と罰のどちらなのか？　この疑問についての研究には長い歴史があるが、答えは研究対象とした集団とそのときの状況によってまちまちであるようだ。ある研究は、幼い子どもは報酬よりも罰により反応しやすいとしているが、ただし十二歳を過ぎるとむしろ報酬に反応しやすくなる可能性が指摘されている。[註10] 別の研究は、大学生の行動を操縦するには報酬よりも罰のほうが効果的だとしている。[註11] 成人の労働者のやる気を鼓舞するには肯定的態度のほうが有効だと示唆する調査結果もある。[註12] 仕事の種類や、[註13] その仕事についてどのように説明されるかが、否定的、肯定的フィードバックのどちらが効果的かを決める可能性がある。[註14]

肯定的フィードバックと否定的フィードバックの効果を比較検討する学問的研究は多いが、商業的なソーシャルメディア・プラットフォームの設計に際してはそれは重要な問題ではない。商業的ソーシャルメディアの主たる関心は、コストを引き下げ、効果を高めて利益を最大化することだから。理論上は肯定的フィードバックがより効果的な場合があろうがなかろうが、否定的フィードバックはお買い得なフィードバック法であり、ビジネスとしては最善の選択であることは明らかで、ゆえにソーシャルメディアでよく使われている。

恐れや怒りなどの否定的感情は、肯定的感情よりずっと簡単に人の心に湧き上がり、より長く留まり続ける。信頼関係を築くには時間がかかるが、失うのはあっという間だ。闘争・逃走反応は瞬時に起こるが、その緊張がほぐれるには何時間もかかる。

これは現実世界にも言えることだが、アルゴリズムに歪められた世界ではなおさらそうだ。

といっても、ソーシャルメディア企業の研究室には邪悪な天才科学者がいて、複雑な計算によって、人々を明るい気分にするより嫌な気分にさせたほうがより「エンゲージメント」を高める効果があり、つまりは利益を生むと判断を下したわけではない。少なくとも、私はそんな人物には会ったことがないし噂も聞いたことがない。

ソーシャルメディアへの依存は誰に命じられるでもなく自然に深まったもので、肯定的感情よりも否定的感情のほうがずっと広まりやすい現実にも誰一人気づいてさえいない。もともとエンゲージメントを高めることには、それ以外のどんな特別な目的もなかったにもかかわらず、結果的に「感化されやすい」感情を世界中に異常なほど拡大させることになり、その感化されやすい感情がたまたま否定的感情だったということだ。

ビットの誘惑

人類の繁栄のためにはただ慣習に従っているだけではだめだ、という長期的展望に立って考えるなら、社会を行動主義的に捉えるのは適切ではない。人々に機械的な訓練を受け入れさせるのではなく、高い価値と創造的な結果を生み出させたいのなら、報酬と罰を利用するのはまったく正しいやり方ではない。

このテーマを取り上げた研究者は多く、一九五〇年代に活躍したアブラハム・マズローに始まり、ミハイ・チクセントミハイなどがその後に続く（ダニエル・ピンクなどのライターもそうだ）。行動主義という単純なメカニズムを当てはめるのではなく、私たちは人間をより創造的な見地から眺めるべきだ。人間に創造性を求めるなら、喜びや知的挑戦、個性、興味、その他の枠にはまらない特性を育む必要がある。

しかし、デジタルテクノロジーの厳密さ、すべてを0と1で表すビットの特性には、行動主義的思考を魅了するものがある。報酬と罰の思考法はビットに通じるものがあるからだ。その意味でB・F・スキナーが初期のデジタルネットワーキング界の主要人物だったことは驚きに値しない。[註15] スキナーはデジタルネットワークを、大衆を訓練して彼が思い描くユートピアを作り上げる理想の方法であり、そのユートピアでは誰もが従順に暮らすようになる、と考えていた。スキナーの著書には『自由と尊厳を超えて』（春風社）と題するものさえある。超えて、だ！

「エンゲージメント」という言葉は、我々人類がいかに愚かしい装置を発明したかを隠すための、よくある体裁の良い表現の一つだ。これからは、「依存」とか「行動修正」と言い換えるべきだ。この種の人聞きのいい言葉は他にもある。たとえば、ソーシャルメディア企業の顧客はいまだに「広告主」と呼ばれている――公平のために言っておくと、顧客の多くは本物の広告主で、消費者に特定のブランドの洗剤やら何やらを買ってもらいたがっている人たちだ。けれども、なかにはひそかに民主主義の土台を崩壊させようとしている卑劣な輩《やから》が混じっているかもしれない。だから私は、彼らのことを操縦者と呼びたい。

洗剤を売っている諸氏には申し訳ない……実際、例えばプロクター・アンド・ギャンブル社の社員の方々は申し分のない人ばかりだ――私も大勢の社員の皆さんと会ったことがある――そして、もしも彼らがソーシャルメディア企業の世話になっていなければ、彼らはもっと幸福だったろうにと思う。

昔のオンライン広告は、本当にただの広告だった。しかしやがて、コンピューター技術の進歩と共に、とんでもなく邪悪な経済的動機が生まれた。それについては次章で詳しく説明する。こうして当初は広告だったものが、むしろ「行動修正請負巨大企業」と呼ぶべきものへと姿を変えた。この変化は新種の顧客／操縦者を引き寄せることがよくあって、彼らは愉快な連中ではない。

残念なことに、操縦者は望むどんな結果でも同じように簡単に手に入れられるわけではない。ソーシャルメディア企業に大金を払っても、戦争を終わらせたり、この世のすべての人を優しくしたりはできない。ソーシャルメディアは偏っているからだ。左でも右でもなく、下よりに。否定的な感情を刺激したほうが比較的効果的に人を操縦したり依存させたりでき、つまり下劣な目的のほうが達成しやすい。生物学と数学の不幸な結合は、人間の世界を堕落させることを望んでいる。情報分析を専門とする企業が大統領選の結果を左右し、扇動集団が仲間を勧誘し、社会の崩壊を企てる無政府主義者は、支払った額以上の素晴らしい効果を手に入れている。

広告から、人々の行動の直接的な操縦という、ソーシャルメディア企業のこの予想外の変化は、社会にくすぶる否定的な感情を爆発的に増大させた。行動修正に果たす否定的感情の潜在的影響力の大きさについては、このあと、ソーシャルメディアの個人的、政治的、経済的、社会的、文化的効果について考える際に繰り返し取り上げる。

ネット依存とネットワーク効果

情報テクノロジーによるスパイ行為や操縦を、これほど多くの人々が許容している理由の一つはネット依存だが、理由は他にもある。デジタルネットワークには紛れもなく価値がある。効率の良さと利便性がある。だからこそ、我々の仲間の多くがその実現のために努力を重ねてきたのだ。

ポケットサイズのデバイスで配車やピザを頼んだり、友人との待ち合わせ場所を即座に調べたりできるようになった今、昔の生活に戻ることはできない。希少な病に侵された人が同じ病に苦しむ人を探し出すすべをもたず、闘病の苦しみを誰とも分かち合えなかった時代があったことさえ今となっては思い出せない。それが可能となったのは本当に素晴らしいことだ。

ただし、デジタルネットワークで利益が得られるのは、みなが同じプラットフォームを利用しているときだけだ。ウーバーに誰もドライバー登録しなければ、あなたのウーバーアプリは何の役にも立たない。あなたが登録しているデートアプリへの登録希望者がゼロなら、やはり何の意味もない。

残念なのは、いったんアプリを利用し始めたら、みながそこに閉じ込められてしまうことだ。あるソーシャルネットワークを退会して別のソーシャルネットワークに移動するのは簡単ではない。あなたの知人はみな元のソーシャルネットワークを使っているから。この社会で暮らす誰にとっても、自分のすべてのデータのバックアップを取り、別のネットワークに移行して、保存したデータを瞬時に復元するのは事実上不可能だ。

ソーシャルネットワークのこのような特性は、ネットワーク効果〔製品やサービスの価値が利用者数に依存していること〕とかロックイン効果〔消費者があるメーカーの商品を購入したとき、買い替え時にも引き続き同メーカーのものを買うこと〕と呼ばれている。デジタルネットワークではこれらを避けて通ることはできない。

そもそも、インターネットのスケーリング[註16]に携わってきた我々の多くは、人と人を結びつけるのは——ネットワーク効果とロックイン効果をもつのは——インターネットそのものになるだろうと考えていた。しかし当時はリバタリアンな風潮が支配的だったため、重要な機能の多くにあえて開発の余地を残した。たとえば、インターネット自体は個人識別のメカニズムをもたなかった。コンピューターには一台ずつコード番号がふられているが、誰がそのパソコンをインターネットにつないでいるかはわからない。同様に、インターネット自体は永続的な情報の保存場所も、支払いの授受のどのような方法も、そして自分と共通点があるかもしれない他者を見つけるどのような方法も提供しない。

これらをはじめとする多くの機能が必要であることはみなわかっていた。そして、その部分については国よりも企業家に任せたほうが得策だろうと考えた。我々が気づかなかったのは、いま挙げたような基本的なデジタルニーズが、ネットワーク効果やロックイン効果のせいでやがて新たな種類の大規模な独占状態を生むだろうということだった。我々は愚かにも地球規模の独占を生み出す基礎を築いてしまった。彼らのためにもっとも困難な仕事をしてやったというわけだ。厳密に言えば、あなたがたユーザーはソーシャルメディア企業の顧客ではなく彼らが扱う商品だから、正しくは「需要独占」[註17]と言うべきだ。我々のかつてのリバタリアンな理想主義が、巨大な、地球規模の、情報の需要独占状態を生み出してしまった。

ソーシャルメディアのアカウントを削除すべき主な理由の一つは、別のソーシャルメディアに移行するという選択肢が現実にはないからだ。状況を変えるにはすべてやめてしまうしかない。そして、あなたが利用をやめなければ、シリコンバレーに自ら状況を改善するチャンスを与えられない。

依存と自由意志は正反対のもの

オンラインへの依存は徐々にあなたをゾンビに変える。ゾンビは自由意志をもたない。ただし、これもまた、絶対的事実ではなく統計的事実だ。ソーシャルネットワークに依存しすぎると、そうでない場合に比べて、より多くの場合、よりゾンビになりやすい、ということだ。

世の中には絶対に依存状態にならない完璧な人間が存在するという神話を信じる必要はない。そんな人は存在しないからだ。どれほど大量に自己啓発本を読み漁っても、依存を引き起こすネットワークサービスから退会しても、あなたは完璧な人間にも完全に自由にもなれない。

この世に完全な自由意志など存在しない。人間の脳は変化し続ける環境に適応するために、常に反応の仕方を変えている。これは過酷な作業で、脳も疲れてしまう！　だから脳はときどき休憩し、集中を解き、自動運転に任せる。しかしそれは、姿の見えない操縦者の意のままになることとは違う。

私たちは相手に合わせてお互いの行動を変えていて、それはよいことだ。人と過ごしているときに、相手の反応に合わせて自分の行動を変えないようにするためには、相手の振る舞いに無頓着になり鈍感になる必要がある。お互いに相手の行動を変えさせた結果が良い方向へ向かうことを、人は愛と呼ぶのかもしれない。

自由意志をこの世界に介入する超自然的な力だと考える必要はない。お互い同士や社会に適応するための行動がひときわすぐれた創造性を発揮するとき、そこに自由意志が存在するのだろう。

つまり、問題は行動修正それ自体ではない。問題なのは、正体不明の操縦者と冷酷なアルゴリズムが行う、機械的で何の意味もない、執拗な行動修正なのだ。

催眠療法は、あなたが施術者のことを信頼している場合は治療効果があるかもしれない。けれども、正体不明の第三者のために働く催眠術師を一体誰が信じるだろう？　誰が？　どうやら何十億人もの人々が信じている。

フェイスブックやグーグルなどのいわゆるデジタル広告企業が毎月手にする何十億ドルもの利益のことを考えてみてほしい。その利益の大部分は、あなたがたを思いのままに操りたがっていて、その方法で目的を達成しつつあると信じている人々から流れこむ。彼らが目指す行動修正の多くはテレビCMが引き起こそうとしていることと同じで、たとえばあなたに車を買わせることや、カフェに出かけさせることだ。

けれども、ある意味あなた以上にあなた自身のことをよく知っているデジタル広告企業が、広告主、つまりあなたを操縦することで利益を得る人々がどのような人間であるかを必ずしもよく知っているとは限らない。たとえばテック企業の弁護士は、ロシアの諜報機関が選挙妨害を企てたり、社会を崩壊させるために分断を助長したりしていたことを、企業は知り得なかったと宣誓証言している[註18]。

むやみに不安がることは、たいていの場合逆効果だと私も知っている。不安は人を無力にする。けれども現状をよく考えてほしい。ソーシャルメディアが社会の分断のために巧みに利用されてきたこと[註19]、しかもその代償があまりにも小さかったことを私たちは知っている。さらには、それに関係した企業が巨万の富を手に入れ、彼らは自分たちの顧客が誰かを必ずしもよく知らないということもわかっている。つまり、おそらく私たちを――あなたを――操縦しようとする影の立役者がいて、その正体は今のところ不明だということだ。

自由になるために、本来の自分になるために、依存を解き、操縦されないようにし、むやみに不安にならないために……これらの素晴らしい理由のために、ソーシャルメディアのアカウントを削除しよう。

理由2

ソーシャルメディアをやめることが現代の狂気に侵されないための最適な方法だから

BUMMER《バマー》マシン

最初はそう思われないかもしれないが、私は楽観論者だ。デジタルの世界をすべて捨て去るべきだとは思っていない。その多くはとても素晴らしい！

「スマートフォンは現代人を破滅させたのか？」といったタイトルの記事は山ほどあるが、[註1]悪いのはスマートフォンではない。インターネットも世界を堕落させたとして必ず糾弾されるものの一つだが、[註2]インターネットが問題なのでもない。

何かが間違いなくこの世界を荒廃させているが、それは、人々がビットで遠くの人とつながっているせいでも、眩しく光る小さな画面を見つめすぎているせいでもない。たしかに、小さなスクリーンを凝視しすぎてしまうことの弊害はありうるが、[註3]人はいろいろなことをやりすぎるもので、人類の存続を脅かすほどの問題ではない。

しかし、ハイテクなものの中に、ごく少量でも有害なものが一つある。新たに開発されたもので却下すべきものが一つある。これ以上みんなが混乱しないように、デジタルの何が問題なのかをできるかぎり明確にしておくことが重要だ。

ある意味、問題は大量行動修正に好都合なデバイスを誰もがもち歩いていることだとも言える。けれどもそれはこの問題の正しい捉え方ではない。なにしろ、それらのデバイスは別の用途にも利用でき、しばしばそんなふうに使われているのだから。

ユーザーがオンライン環境に閉じ込められ、その環境は人々の最悪の一面を引き出すものであることだけが問題なのではない。巨大なクラウドコンピューターを制御する一握りの人々に権力が集中していることだけでもない。

問題はいま挙げたすべての要素と関係しているが、それらを寄せ集めても問題そのものとはならない。

問題は、いま説明したすべての事象が、他人を思い通りに操縦するためなら金に糸目をつけない顧客をターゲットとするビジネスモデルに主導されていることによって生じる。思い出してほしい。昔ながらの広告の場合、広告が製品の売上に貢献したかどうかが事後評価されていた。しかし現在のデジタル広告企業は、ユーザー一人ひとりが行動を変えたかどうかを刻々と評価し、各ユーザーのニュースフィードに配信される情報には、個々の行動を変えさせるための微調整が次々と加えられ続ける。つまり、このビジネスモデルの売り物は、あなたを操縦してある特定の行動を取らせることなのだ。この商品は、ユーザーのみならず、顧客／操縦者にとっても「エンゲージング」だ。なぜなら、顧客は、企業の要求通りの額を支払わなければ冷遇されるのではないかと不安に駆られるから。

問題は、いま挙げたすべての他にもう一つある。前の章で述べたように、いま説明しているビジネスモデルは肯定的な感情よりも否定的感情を増大させやすく、したがって社会をより良くすることより破壊することに向いている。つまり、危険な思惑をもった顧客ほど、費用にまさる効果を手に入れられる。

しかし最終的には、私たちはこの問題を回避できる。被害を被らずに問題を沈静化することができる。幸いなことに、問題が限定されているからだ。

有害なビジネスモデルを取り除くことさえできれば、その根底にあるテクノロジーにはそれほど害はないかもしれない。少なくともやってみなくてはならない。さもなければ、やがてデジタルテクノロジーのすべてを捨て去らざるを得なくなる。テクノロジーは最後の「失敗しなかった神[註4]」であり、楽観主義の最後の砦だ。それを捨て去るわけにはいかない。

あなたがこれまでソーシャルメディアを楽しんできたのなら、この本はあなたのその体験を貶めるものではない。そもそも、私が望んでいるのは、私たち――ハイテク産業界とユーザーの両方――が、何を排除すべきかを正確に見極めることによって、自分たちが心から愛する物を守り改善する道を見つけることだ。今ソーシャルメディアのアカウントを削除することは、あなたが将来よりよいオンライン体験をする可能性を高めることにつながる。

ソーシャルメディアをタバコ産業に喩える人もいるが[註5]、私はそうは思わない。むしろ、有鉛のペンキに近いと思う。鉛の有害性がはっきりわかったとき、今後は家にはペンキを塗らないようにすべきだと言う人はいなかった。そうではなく、業界への圧力と法による規制の結果、鉛を含まないペンキが新基準となった[註6]。賢明な人々は、安全なペンキが売り出されるまでただ購入を控えていた。それと同じで、賢いユーザーはアカウントを削除し、害のないソーシャルメディアが使えるようになる日を待つべきだ。

　私は、社会科学者や心理学者ではなく、コンピューター科学者として意見を述べている。コンピューター科学者の立場から言えるのは、もうあまり時間がないということだ。今の世の中の急速な変化は、我々コンピューター科学者の先導によるもので、だから黙って傍観しているわけにはいかない。精密科学の力では現状を十分理解しきれないが、解決すべき問題を示唆する結果はたっぷりあって、ただそれを解決するための時間があまりない。

　この問題を作り上げている諸要素についての同じ説明を繰り返さずにすむように、このへんで頭字語を作ってしまうのがよさそうだ。BUMMER《バマー》= Behaviors of Users Modified, and Made into an Empire for Rent（ユーザーの行動修正を売り物とし、使用料をとって一大企業帝国を築くシステム）でどうだろう?

　BUMMERはクラウドに棲む統計マシンだ。おさらいをしておくと、統計的でファジーな事象は真実ではない。ＢＵＭＭＥＲのアルゴリズムにできるのは、せいぜいのところが、ある人がある行動をとる可能性を計算することだけだ。けれども、一人ひとりについてはただの可能性にすぎない数字が、大きな集団の平均値をとると正確な値に近づく。個人ではなく集団全体を見た場合に、予測可能性はより高くなる。

ＢＵＭＭＥＲの影響力は統計的なものなので、その脅威は気候変動の脅威と似ている。ある特定の暴風雨や洪水、干ばつの原因が気候変動だと断定することはできないが、気候変動がそれらの異常気象が起こる確率に影響しているとは言える。遠い将来、海面が上昇し、人類の多くが移動を余儀なくされ、新たな食料源を見つける必要に迫られるというもっとも危惧すべきことが起きれば、気候変動が原因だと言えるだろうが、その日までその主張は退けられ続けるだろう。

それと同じで、私もＢＵＭＭＥＲのせいで間違いなく前より最低の人間になった誰かの名前を挙げることはできないし、ＢＵＭＭＥＲがなければ起こりえなかった社会の劣化を証拠を挙げて指摘することもできない。ＢＵＭＭＥＲがあなたの行動を変化させたかどうかを知る確実な方法はないが、その手がかりを見つけるいくつかの方法をあとの章で紹介するつもりだ。あなたがＢＵＭＭＥＲプラットフォームを利用しているなら、おそらくすでに少しは変化しているだろう。

ＢＵＭＭＥＲがなければこの世界のどこがどう今と違っていたかは、私たちにはわからないが、この先全般的にどうなっていくかはわかる。気候変動と同じで、ＢＵＭＭＥＲも私たちが自分で道を正さなければ、この世界を地獄にしてしまう。

BUMMERの部品

ＢＵＭＭＥＲは六つの可動部からなる機械《マシン》だ。

ＢＵＭＭＥＲの六つの部品の特性の記憶法を紹介しておく。テストに出るかもしれないから。

Ａ　注目を集める（Attention Acquisition）ことに熱中させ最低の人間（Asshole）を世に蔓延《はびこ》らせる

Ｂ　人々の生活を監視する（Butting）

Ｃ　コンテンツを無理やり押しつける（Cramming）

Ｄ　人々を操縦し、できるかぎり不快な行動をさせる（Directing）

Ｅ　悪意ある最低最悪の誰かが人々を操るのを手助けして利益を得る（Earning）

Ｆ　偽物の（Fake）暴徒ともっと偽物の社会

それぞれの部品について説明していく。

A　注目を集めることに熱中させ最低の人間を世に蔓延らせる

オンラインになると、不可解で下劣な振る舞いをする人がよくいる。このおかしな現象は、ネットワーキングの初期の頃にすでに人々を驚かせ、その後もこの世界に重大な影響を与えてきた。オンライン体験のすべてが不愉快なものであるわけではないが、下劣な言動が当たり前になった結果、オンライン体験とはそういうものだと考えられている。下劣さはまた、ソーシャルメディア企業をはじめとする、インターネットをたちどころに支配してしまった行動修正企業にとっては原油のようなものであることもわかった。下劣さは否定的フィードバック行動を加速させるからだ。

なぜ人はオンラインで最低の振る舞いをするのか？　その点については次の章で掘り下げるが、簡単に言うとこういうことだ。普通の人々が、獲得できる主要な――しばしば唯一の――報酬が他者からの注目である環境に集められている。そこではもちろん金銭的報酬など期待できない。一般のユーザーが手に入れられるのは偽物の権力と富で、本物の富と権力ではない。だから心理戦が蔓延る。

注目されることが唯一の目的であるとき、人は最低の行動を取りやすい。なにしろ最低最悪の人間ほど注目されるから。最低の人間を生みやすいこのオンラインの本来的傾向が、BUMMERの他の部品の働きに影響を与えている。

B　人々の生活を監視する

部品Bについては理由1の章で説明済みだ。

今や誰もがディストピアを描くSF小説そのものの監視社会を生きている。スパイ行為の横行は、理屈の上では最低の人間を生み出す部品Aのプラットフォームがなくても起こりうるが、現実には、我々が作り上げた今の世界では、監視はたいてい部品Aと連動している。

ほとんどの場合、監視はネットワーク環境につながる個人所有のデバイス——今のところは、特に誰もが文字通り肌身離さず持ち歩くスマートフォン——を介して行われる。一人ひとりのコミュニケーションや興味、行動、他者との関わり、出来事や状況に対する感情的反応、表情、購入歴、そしてバイタルサインなどのデータが収集され、その範囲は際限なく広がっていく。

たとえば、もしもあなたが本書を電子リーダー端末などで読んでいるなら、アルゴリズムが、あなたが本を読むスピードや、読書を中断して何かを検索するのはどんな場合か、といったデータを取り続けている可能性が高い。

アルゴリズムは、個人のデータと他の人のデータを比較して相関関係を見つけようとする。この相関関係は個人の特性についての実際的な予測であり、それらの予測はその予測可能性の高さを継続的に測定され、評価される。よく管理された予測がみなそうであるように、この予測も、適応的フィードバックによって徐々に改善されていく。

C　コンテンツを無理やり押しつける

アルゴリズムは、ユーザー一人ひとりが自分のデバイスで何を体験するかを決めている。この部品はフィードとかレコメンデーションエンジン、パーソナライゼーションなどと呼ばれるものだ。

部品Cは一人ひとりがそれぞれ違うものを見ていることを意味する。そこには、行動修正のために個別化された刺激を配信する、という直接的な動機が働いている。

BUMMERは、他人の発言や行動の理由を理解しがたい世の中を作った。この部品の影響力については、この後のどんなふうに真実が見えなくなり、社会から共感力が失われていくかを論じる章で詳しく検討する。

（広告の個別化がすべてBUMMERのしわざだというわけではない。ネットフリックスがおすすめの映画を知らせてきたり、イーベイが何らかの商品を薦めてくるのは、BUMMERではない。他の部品と組み合わされたときに初めてBUMMERとなるのだ。ネットフリックスもイーベイも、あなたがそれぞれのサイトとその時行っている商取引をしているだけで、あなたの行動を操縦して第三者からお金をもらったりはしていない）

D　人々を操縦し、できるかぎり不快な行動をさせる

AからDまでの要素が組み合わさって、意図的に人の行動を操縦するデータ測定・フィードバックマシンが出来上がる。その成り立ちについては理由1で説明した。おさらいしておこう。カスタマイズされたニュースフィードは、個々のユーザーの「エンゲージメント」を高めるために最適化され、しばしば感情に訴える合言葉を用いてユーザーを依存状態にする。人々は自分が操縦されていることにも気づかない。操縦の目的の初期設定は、人々をますますオンラインに縛りつけ、より多くの時間をシステム内で過ごさせることだ。けれども、操縦には別の目的もあって、それについても検証が行われてい

る。[註7]

たとえば、あなたが電子機器で読書をしているとき、読書中のあなたの行動は、他の大勢の人々の読書行動と比べられ、似ているかどうかを分析される。そしてもしも、読書行動があなたと似通っている人が、ある方法で投稿された商品の広告を見たあとそれを買ったなら、あなたにも同じ広告が配信される可能性が高い。選挙前には、あなたと似た誰かを冷笑的な気分にさせる効果があった奇妙な投稿が、あなたにも届くかもしれない。あなたをできるだけ投票に行かせないためだ。

ＢＵＭＭＥＲのさまざまなプラットフォームは、人々を意図的に悲観させたり、投票率を操縦したり、特定の銘柄へのこだわりを高めたりするための自分たちの試験的取り組みについて自慢げに語ってきた。実際、いま挙げた例はＢＵＭＭＥＲ形成期に明らかにされた、よく知られている実験の数例だ。[註8]

デジタルネットワーク流の行動修正法は、これらの実験のすべてを、人々の多様な人生の一コマ一コマを、たった一つのものに集約してしまう。アルゴリズムの観点から見ると、さまざまな感情や幸福感、特定の銘柄へのこだわりは、それぞれ異なってはいるがある意味どれも似通った、最適化のための信号なのだ。

ニュースフィードへのある種の投稿があなたを悲しい気分にさせたことが明らかになり、

アルゴリズムがあなたを悲しませようとしているなら、同種の投稿がさらに増えることになる。それらの投稿があなたに大きな影響を与える理由がわかる人は必ずしもおらず、あなた自身も、ある種の投稿が自分を悲しくさせたこと、つまり誰かに操縦されていることに気づきもしないだろう。これらの投稿の影響は微々たるものだが累積性がある。ときおり、この問題の解明に乗り出そうとする科学者もいるが、アルゴリズムによる処理の大部分は闇の中で自動的に行われている。そこには新種の悪意に満ちた闇の宇宙が広がっている。

アルゴリズムが検証されることはほとんどなく、特に外部の、あるいは組織に属さない独立系の科学者によって検証されることはない。その理由の一つは、アルゴリズムがなぜ有効なのかを理解するのが困難だからだ。アルゴリズムは、ユーザーからのフィードバックを受けて自動で自らを改善する。

今現在のシリコンバレーが繁栄している秘密の一つは、どうやら機械学習スキームを扱うのが他の人より得意な人たちがいるようで、それがなぜなのか誰にもわからないということだ。人々を操縦するためのもっとも機械的な方法が、じつは驚くほど直感的な技術であったということだ。最新のアルゴリズムの扱いに長けた人々がもてはやされ、莫大な利益を手にしている。

E　悪意ある最低最悪の誰かが人々を操るのを手助けして利益を得る

この大量行動修正装置は、利益のために貸し出されている。ＢＵＭＭＥＲによる操縦は完璧ではないが、威力はかなりのものなので、ブランド企業や政治家、その他の競合し合う存在にとっては、ＢＵＭＭＥＲへの支払いを渋ることは今や自殺行為となった。あたかも世界規模の精神的恐喝が行われているようなもので、ＢＵＭＭＥＲへの支払い額が世界的に高まっている。[註9]

ＢＵＭＭＥＲのプラットフォームに現金を支払わない者たちは、ＢＵＭＭＥＲに壊滅させられないために、それらのプラットフォームを作動させるデータという燃料にならねばならない。フェイスブックがニュースフィードに「ニュース」を配信すると強調した際、ジャーナリズムの世界全体がニュースをＢＵＭＭＥＲ基準にアレンジし直す必要に迫られた。フェイスブックから仲間外れにされないように、クリックを誘いやすい、扇動的で内容のない記事を書かねばならなくなった。記者たちは、ＢＵＭＭＥＲに絶滅させられないためにＢＵＭＭＥＲにならざるを得なかった。

ＢＵＭＭＥＲはシリコンバレーの倫理観を低下させただけではなく、経済界全体をおかしくした。ＢＵＭＭＥＲの経済的側面については理由９で考える。

部品Fの説明に移る前に、部品Eが、BUMMERマシン全体を作動させ続ける経済的動機を提供する特別な役割を担っていることを説明しておかなくてはならない。シリコンバレーをぶらぶら歩いてみれば、金銭などもはや時代遅れであり、我々は金銭を超越した権力と影響力を獲得しつつある、という会話をあちこちで耳にすることだろう。それにもかかわらず、誰もがいまだに金銭的利益を追い求めている！

もしも今、世界を脅かすことによって大衆の注目を集めることが、大金を稼ぐ方法であるとしたら、実際にそういう出来事が起こるだろう。たとえそれによって世界に悪が蔓延るとしても。そうならないことを望むなら、企業が利益を手にする仕組みを変える必要がある。

二〇一六年の米国大統領選挙のあと、フェイスブック、ツイッター、グーグルサーチ、そしてユーチューブ[註10]はポリシー変更を実施し、ダークアドや悪意あるフェイクニュース、ヘイトスピーチなどと戦うと発表した。さらに規制当局からも、政治的広告の広告主を特定することが求められた。本書をいよいよ書き終えようとするときには、フェイスブックがニュースフィードからニュースを減らすことを発表した。これは、ジャーナリズムの世界にとっては概ね朗報だ。なぜなら、これからは自分のやり方で、より自由に読者に言葉を届けることができるのだから。

こうしたポリシー変更には、ソーシャルメディアのＢＵＭＭＥＲ化を押し止める効果があるに違いない。少なくとも当面は。実際、過去にもポリシーの微調整がオンラインの卑劣な社会現象を改善した実例がある。二〇一五年にレディット〔米国の掲示板サイト〕が悪意あるサブレディット〔レディットのサブフォーラム〕を禁止したところ、ヘイトスピーチが減少した。

けれども、ささやかなポリシー変更が根本にあるビジネスの動機を消滅させることはなく、悪意ある者たちはさらに卑劣で巧妙な対抗策を講じてくる可能性がある。そして、そういうことがすでに現実に起きている。言うまでもないことだが、検索エンジン最適化〔検索エンジンの検索結果において、特定のウェブサイトが常に上位に表示されるよう調整すること〕という巨大産業は、検索エンジンの継続的なポリシー変更に対する、広告主の対策支援を目的としている。

もしもビジネスの根本的な動機が変わらないのなら、付加的なポリシー変更だけでＢＵＭＭＥＲが生み出したネット依存や行動操縦、人々を狂気へと誘う世界的な動きなどの問題を解決できるのだろうか？　部分的な改革によって変化を起こせるのなら私は大賛成で、フェイスブックのニュースフィードの改革がこの世の中を少しはましなものにしてくれることを願っているが、ちょっといじるだけでは不十分なのではないかという不安がある。

それが本書を書いた理由の一つだ。

ポリシーが、内在する強い動機にねじ伏せられてしまうことがよくある。強烈な目的意識によってルールを無視する人々の行動が、この世の中をより陰険で危険な場所にしてきた。禁止が功を奏することはあまりない。アメリカでは二〇世紀の初めに酒類を禁止しようとしたが、結果的に組織的な犯罪が増加し、禁酒法は廃止を余儀なくされた。その後マリファナが禁止されたときにも同じことが起きた。禁止は腐敗を推し進め、犯罪がはびこる裏社会と表社会を作り出す。法律は、人々の欲求とほどよく合致しているときにもっとも効果があるのだ。

根底にある経済的動機には手をつけず、BUMMERのルールだけ変えても、おそらく似たような失敗に終わることだろう。実際、ポリシー変更はすでに失敗に終わっている。BUMMERのパイオニアであるグーグルやフェイスブックなどは、悪意あるアクターやフェイカー〔フェイクニュースを発信するプログラム〕、正体不明の操縦者を躍起になって追放したが、その結果高い技術をもつ反体制のサイバーマフィアが出現し、ときおり敵対的な国家のために働いている。

しかし、BUMMERのポリシー変更のもっとも残念な副作用は、プラットフォームと悪意あるアクター間の軍拡競争が激化するにつれて、善意の人たちが、BUMMER企業によるよりいっそうの支配を求めるようになっていることだ。人々は、遠い存在である巨大テック企業にヘイトスピーチや悪意あるフェイクニュース、いじめ、差別発言、ハラスメント、なりすまし、その他の卑劣な行為を取り締まってくれと要望する。善意の活動家たちが、企業は人々の行動をもっと規制するべきだと主張している。「どんな発言なら許されるのかどうか教えてください。シリコンバレーの若くてリッチなプログラマー様！どうかご指導を！」と。ＢＵＭＭＥＲを利用して民主主義を破壊しようともくろむ悪意あるアクターたちは、たとえ善意の活動家に歓迎されなくとも、戦いに勝利できるというわけだ。

本書には、ＢＵＭＭＥＲを動かす嘆かわしいビジネスの動機の例が多数紹介されている。理由9では、この世界をよりよいものにする可能性のある、それとは別のビジネスの動機を提案する。では部品Ｆに移ろう！

Ｆ　偽物の暴徒ともっと偽物の社会

この部品は、ほとんどいつでも存在する。ただし、ＢＵＭＭＥＲマシンの初期設計には通常含まれていない。フェイクパーソンは数えきれないほど存在していて、オンラインの空気を作り上げている。ボット、AI、エージェント、フェイクビューアー、フェイクフレンド、フェイクフォロワー、偽物の投稿、なりすまし。亡霊たちの寄せ集め。

その結果、目に見えないところで社会の破壊が進んでいる。人間の心理や行動に大きな影響力をもつ社会的圧力が形成されている。

フェイクパーソンが果たす重要な役割については、真実についての章で詳しく取り上げる。最低の人間についての次章の次の章だ。

問題があるのは一部分で、だから封じ込められる

どこが問題なのかをはっきりさせることができれば、問題はより簡単に解決できる。ここで、一つの仮説を提案しよう。問題はインターネットでもスマートフォンでもスマートスピーカーでも、アルゴリズムという手法でもない。むしろ、現代社会を陰鬱で狂気じみたものにした諸悪の根源はBUMMERマシンであり、このマシンの核にあるのは科学技術ではなく、よこしまな動機を撒き散らし人々を堕落させる、あるビジネスプランだというものだ。

このビジネスプランは、広く利用されているわけでもない。中国以外の国で、BUMM

ERに完全に依存している巨大テック企業はフェイスブックとグーグルだけだ。五大テック企業のそれ以外の三社は、ときおりBUMMERに携わりはするが、それは昨今はBUMMERが標準化されているせいで、決して依存してはいない。それ以外の、ツイッターをはじめとするより小規模なBUMMER企業もやはり大きな影響力をもっているが、BUMMERから自由になろうと闘っている。[註11]私がこの問題を楽観視している理由の一つはBUMMERは長期的なビジネス戦略としてそれほどすばらしいものではないからだ。この点については、経済についての章で詳しく説明する。

いったいどの企業がBUMMERなのか？ これは議論の余地のあるテーマだ！ それを見分けるよい判断基準は、ロシアの諜報機関などの悪意あるアクターの注目や投資が集まってくるのが第一級のBUMMER企業だということだ。この基準に照らしてみると、レディットや4チャンネルのように、部品Fの下位セットだけをもつまがい物のBUMMERもあることがわかるが、それらもBUMMERの生態系において重要な役割を果たしている。

将来BUMMERになるかもしれないが、まだそこまで達していない次世代サービスが、その他の三つの巨大テック企業、マイクロソフト、アマゾン、アップルによって、またスナップなどのより小規模な企業によっても提供されている。

しかし、本章で説明してきたこの二つ目の理由は企業の問題ではない。あなたの問題だ。BUMMERマシンがどういうものか明確に理解できた今、私たちは何を避けるべきかもはっきり知っているのだから。

BUMMERの問題点は、それに特別な技術が使われていることではなく、第三者の権力の誇示に利用されていることだ。

たとえば、理由1の章で説明した行動主義という科学的手法自体は問題ではない。あなたは認知行動療法を受ける決断をし、良い結果を得られるかもしれない。うまくすれば、その療法士は職業基準の遵守を誓う、信頼できる相手かもしれない。けれども、その療法士がはるかかなたの巨大企業の仕事を請け負っていて、あなたに、必ずしも自分のためにならない決断をさせることによって利益を得ているなら、それはBUMMERだということになる。

同様に、催眠術もそれ自体はBUMMERではない。けれども、その催眠術師が、あなたの知らない誰かのために働く見知らぬ誰かと入れ替わり、あなたには自分が催眠術をかけられ何をさせられるのかを知るすべがないのなら、それはBUMMERだ。

問題なのはある特定の科学技術ではなく、その科学技術を、人々を思うままに操ったり、奇妙で愚かな方法で権力を握り、文明の存続を脅かしたりするために使うことだ。

狂ったこの世界をまともにしたいとあなたが考えるなら、スマートフォンやクラウドサービスの利用、ウェブサイトを見て回ることを諦める必要はない。数学や社会科学、心理学を恐れる必要はない。

避けるべきはＢＵＭＭＥＲだ。ＢＵＭＭＥＲのアカウントを削除しよう！

理由3

ソーシャルメディアはあなたを最低の人間にするから

まずタイトルを訂正させてほしい。私はあなたを知らない。だから私は、あなたが間違いなく最低の人間になると言っているのではなく、多くの人がそうなると言いたいのだ。その人たちも、最低なのは他の人たちのほうだと思っているようだが。私自身、オンラインの世界で自分がどんどん嫌な人間になっていくことに気づいたことがあり、それはとても恐ろしく、気の滅入る体験だった。

そういうわけだから、正しくは「あなたは徐々に最低の人間になっていく危険性がある。あるいは統計的に見てあなたは最低の人間になる可能性が高い。どうか気を悪くしないで。でもその可能性について真剣に考えてほしい」などのタイトルにするべきだろう。

薄汚れた雪

依存症の人はそのことを隠そうとすることがあり、特に自分でもそれを認めようとしないが、バレてしまうことが多い。人格が変わってしまうからだ。

重篤な依存症の人は苛立ちやすくなり、自分が置かれている状況に対する不満を執拗に募らせる。自分は恵まれていないと感じ、他者から認められたくてしかたがない。依存が深まると不安が嵩じ、奇妙なことに、他の人には見えない不吉な前兆ばかり見つけるようになる。彼らは自己中心的で、自分の世界に閉じこもっているため、他の人がどう感じ、何を考えているかに目を向ける余裕がない。傲慢な態度や自分を過大視する傾向があるが、どう見てもそれは強い不安感を覆い隠すためのものだ。依存者は自分を神話化する。彼らは自分を偉大だと考え、依存が強まるにつれて、より妄想的になっていく。

重症のソーシャルメディア依存者にはこうした変化が認められ、まるで薬物中毒者や破滅的なギャンブル依存症の人々のようだ。もう少し一般的なＢＵＭＭＥＲユーザーでは、こうした傾向が若干見られる程度だが、統計的に言うといつ依存者のように振る舞うようになってもおかしくない。ＢＵＭＭＥＲに関するあらゆることがそうであるように、依存症状にも暗い影がある。その結果、社会全体がより陰うつなものとなっている。

依存症の人の特性のなかでももっとも興味深いのは、彼らがじつは苦しみを求めているように見える点で、なぜなら苦しみは彼らの欲求を満たすために欠かせないものだからだ。ギャンブル好きは、勝てない状態に依存しているのではなく、負けるかもしれない不安感に依存している。麻薬中毒者はただハイになることではなく、落ち込んでいる状態とハイになった状態のめくるめくような落差に依存している。

それと同じで、ＢＵＭＭＥＲ依存者もやがて奇異なほど怒りを爆発させるようになる。まるでけんかになることを期待しているかのように見える。

依存者はまた攻撃的にもなる。そして、自分がそうなるのも当然だと考えている。彼らにはいじめるかいじめられるかの二択しかない。ソーシャルメディアのトップインフルエンサーのように、成功を収めた快活なＢＵＭＭＥＲ依存者でさえ、他人に親切にしすぎるのは禁物だ、競争の激しいガラスの金魚鉢のようなこの世界では、それは弱さを見せることだから、と言ったことがある。[註1] フォロワー数はフォロー数より多くなくてはいけない。そのほうが見栄えがいいからだ。

このような特徴的な人格の変化は、自分では気づくのも認めるのも困難だが、他人の変化を見つけるのは簡単だ。その相手のことが好きでない場合は特に。ＢＵＭＭＥＲ依存症のリベラルな大学生を嫌う保守のＢＵＭＭＥＲ依存者は、彼らのことを「ちっぽけで哀れなスノーフレーク（雪片）」という蔑称で呼ぶことがある。

けれども、誰よりも哀れなスノーフレークは、依存者そのものの行動を示すドナルド・トランプだ。彼にはここ数十年間に何度か会ったことがあり、彼のことは嫌いだったが、その当時は彼はＢＵＭＭＥＲ依存者ではなかった。その頃のトランプはニューヨーク市の変わり者で、操縦者であり、俳優で、人を仲間にしたりのけ者にしたりして操つる名人だった。しかし、ジョークのわかる人間ではあった。リアリティ番組でさえ、トランプを怒らせることはできなかった。

ところがツイッター依存症となって、トランプは変わってしまった。スノーフレーク的なツイートを繰り返し、ときに感情を抑えられなくなる。トランプの振る舞いは、世界で最も権力をもつ人間にふさわしいものではない。彼自身が依存症に支配されているからだ。トランプがどんな人間であれ、いかなる種類のいじめっ子であれ、彼もまた被害者なのだ。

内なるトロールとの出会い

ソーシャルメディアは長年の間にさまざまな変化を遂げてきたが、基本的な枠組みは、一九七〇年代の終わりに私がコンピューターに夢中になり始めた頃にすでに存在していた。当時のソーシャルメディアは、単にコメントができる場所に過ぎず、書き込みをするのは一部の人に限られていた。気に入った投稿に投票するしくみも、アルゴリズムによってカスタマイズされたニュースがフィードに配信されることもなかった。まったく基本的なものだった。

けれどもその当時から、私はオンラインのある種の恐ろしさに気づいていた。ときどき、理由もなく、誰かと、あるいは数人のグループと言い争いが始まった。とても奇妙なことが起きていた。私たちは互いに侮辱し合い、相手をやり込めようとし、お互いの神経を逆なでし合った。しかも、その話題というのは信じられないほどつまらないこと、たとえば、ピアノのブランドについて、誰かが知ったかぶりをしているんじゃないか、といったことだった。本当だ。

私は投稿すると、誰かが次に投稿してくるのをイライラしながら待った。「僕が物を知らないと言いたいんだな！　ピアノのことならよく知っている！　あのバカにひどい言われようをする筋合いはない！　よし、あいつをひっかけて間抜けなことを言わせてやる。恥をかかせてやるぞ」

こんなことがたびたび起きて、やがてそれが当たり前になった。私だけでなく、誰もがそうだった。人々の気持ちが、まるで天気のようにころころ変わった。気持ちのいい朝だと思っていたら、ふいに嵐がやってきた。

そして、最低の振る舞いをしたくなければ、良い人を装わなくてはならなかった。ばか丁寧で、言葉を選びすぎるほど選び、細心の注意を払わねばならない。

それはもっとウンザリだった！

私は自分がどんどん嫌な人間になっていくことに耐えられず、ソーシャルメディアを使うのをやめた。パートナーを選ぶときには、その人と一緒にいるときに自分がどんな人間になるかを基準に選びなさい、ということわざをあなたも知っているだろう。この心がけは、テクノロジーを選ぶ際にも有効だ。

一九九〇年代に、ウェルという先駆的なオンラインコミュニティを友人たちが始めたとき、彼らからアカウントをもらったが、一度も投稿しなかった。ずっと後になって、別の友人たちがセカンドライフというオンライン仮想空間を開発するのを手伝ったときも同じだった。

ところが二〇〇〇年代の初めに、アリアナ・ハフィントンという行動的な女性のおかげで、暫くの間、彼女のハフィントンポストにブログを書く羽目になった。彼女がどんな手を使ったかは話しておくべきだろう。

私たちは、コロラド州ロッキー山脈の山間にある小さな洒落た町で開催された、リッチで影響力のある人々を集めた会議に出席していた。私はゴミ置場を取り囲むセメント塀に肘《ひじ》をかけてベンチに腰を下ろしていた。するとアリアナが近づいてきて私の腕の上に座り、私は身動きが取れなくなった。「アリアナ――悪いけどどいてくれないか、腕が抜けないよ」

すると彼女は、聞き取りにくいギリシャ語訛《なま》りの英語でこう答えた。「特別扱いしてもらったら、男性は何かお返しをするものよ。うちでブログを書いてくれたらどいてあげる」

こうして私はブログを書くはめになった。短期間ながら、ハフポストのトップブロガーの一人となり、私のブログは常に一面を飾っていた。けれども、書き込まれたコメントを見るたびに、自分がまたあの昔のような厄介な状態になりつつあることがわかり、それはとうてい無視できないことだった。私はしばしば、あの奇妙な、低レベルの怒りが心に沸き上がるのを感じた。あるいはまた、誰かが私の書いた物を褒めてくれたときには、あの滑稽な高揚感を感じた。そのコメントの内容から、彼らが私のブログをそれほど熱心に読んだわけではないとわかるときでさえそうだった。コメントを書き込む人はたいてい自分が注目されたくて書いていた。

私たちは狭い世界のなかでお互いを牽制し合い、得意がっていた。

そのうちに、読み手を怒らせるために自分でも信じていないことを書こうとしている自分に気づいた。みんなが何を聞きたがっているかをわかった上で、その通りに書いたり、わざとそう書かなかったりした。その方が読者の感情を刺激できるとわかっていたからだ。

まったく！　私はまた昔の状態に逆戻りしていた。愚かなテクノロジーに付随する何かのせいで最低の人間になっていた。

そしてやめた――もう一度。

本書で論じる10の理由のなかでも、この理由は私の心の底からの実感だ。私は最低の人間にはなりたくない。うわべだけのよい人にも。

私は本当の意味でよい人になりたいと望んでいるが、ある種のオンライン設計には、それを邪魔する魔力があるようだ。それが、私がフェイスブックやツイッター、ワッツアップ[注2]、インスタグラム、スナップチャット、その他のどんなアカウントも持っていない主な理由だ。読者は、私の名を騙るフェイクアカウントを目にすることがあるかもしれない。ツイッターには、@RealJaronLanierと名乗るアカウントさえある。でもそれが誰なのか見当もつかない。とにかく私ではない。

ソーシャルメディアのアカウントを持っていない自分のことを、読者より偉いと考えているわけではない。ことによると、私のほうがだめなのだろう。読者のほうが、もっと上手くソーシャルメディアと付き合えているのかもしれない。

けれども、ソーシャルメディアが誕生して以来、最低の人間のほうが世の中に対して大きな発言力をもっているのを私は見てきた。

ＢＵＭＭＥＲプラットフォームでの体験は両極端だ。最低の人間たちによる完全な混乱状態か、誰もが過剰に気を遣い、うわべだけのよい人を演じる空間か。

しかし、最も注目を集めるのは誰よりも最低の人間で、そんな人たちがしばしばそれぞれのプラットフォームの雰囲気を作り上げる。たとえ、最悪の言動が常に飛び交ったりはしない、ひっそりと運営されるプラットフォームがあったとしても、すぐ外では最低の人間たちが待ち受けているから、閉じ込められている感じは否めない。これは、BUMMERの部品Aが部族主義を拡大させやすい理由の一つだ。

テクノロジーはなぜ最低の人間を増大させるのか

部品Aがなぜ人々の内なるトロールを引き出すのかを完全に理解していると思える人にはまだ出会ったことがない。これにはさまざまな説があるが、[註3]私がいちばん腑に落ちた説明は次の通りだ。

この世界が、最低の人間とそうでない人間、言い換えれば、トロールと犠牲者に二分されると考えるのは得策ではない。

どんな人の心にもトロールがいる、と考えるとわかりやすい。その昔、みながソーシャルメディアを使っていなかった頃は、空気は澄んでいて、自分の内なるトロールが語り始めたら、それがおかしいことに簡単に気づくことができた。トロールは、あなたがとっくに忘れていた、あなたの心の内に棲む醜いエイリアンのようなものだ。心の内のトロールに支配されてはいけない！　ある特別な状況でトロールが現れるなら、その状況を避けよう！　たとえそれがオンラインプラットフォームでも、人間関係でも、仕事でも。あなたの人格は健康と同じくらい貴重なもので、お金で買えるものではない。それを台無しにしてはいけない。

けれども、そもそもなぜ、どんな理由で内なるトロールはそこに存在するするのか？誰もが抱える問題であることを考えると、これはより深い根源的な問題、人類が祖先から受け継いだ悲劇、人間という存在の根底を流れる愚かさであるに違いない。けれども、そんなことを言ってもなんの解決にもならない。内なるトロールとは厳密には何なのか？

心の中のトロールは、ときどき心の主導権を握るがそうでないときもある。私はずいぶん前に、すべての人間は、その人格の奥底に二つのモードを切り替えるスイッチをもっているという作業仮説を立て、今もそう考えている。私たち人間は狼に似ている。一匹狼になることもできるし、群れの一員となることもできる。私はこのスイッチのことを一匹／群れスイッチと呼んでいる。

一匹狼として生きているとき、私たちはより自由だ。用心深く暮らしているが、楽しみも多い。自分のために考え、即興で何かを作り、創造性を発揮する。腐肉を漁り、狩りをし、身を隠す。たまに、あふれ出す幸福感から遠吠えをする。

ところが群れの一員となると、他のメンバーとの相互関係がこの世で何より重要になる。狼の場合はどの程度か知らないが、人間にとっては、その影響は目をみはるほど大きい。

人が、企業のような競争的で階級的な権力構造に閉じ込められると、自分が何をしているのかわからなくなる。目の前の権力闘争が、現実よりも大きなものとしてのしかかってくるからだ。

現代社会に重くのしかかる権力闘争の最大の例は、気候変動を否定する動きだ。科学者コミュニティには、また実質的には世界のすべての国に、気候変動を食い止めねばならないという共通認識があるが、それにもかかわらず、小規模ながらも権力をもつ経営者や政治家の集団がそれを受け入れようとしない。彼らは、気候変動説は自分たちの富と権力への攻撃だと受け止めている。ばかげた考えだ。そしてこうした愚かな考えがまかり通るのは、より大きな真実を排除し、人間同士の権力闘争という一面からしかこの世界を理解しようとしないときだけだ。

テクノロジーの世界で生きる者としては、気候変動を例に挙げておけば責任逃れができて安心というところだが、科学者のコミュニティにおいても群れスイッチが入ってしまうことがある。たとえば、理論物理学者のリー・スモーリンは、理論物理学の世界で、ストリング理論物理学者が一時期いかに横暴な振る舞いをしていたかを明らかにしている〔著書『迷走する物理学』ランダムハウス講談社〕[註4]。こうした現象は、人が集団を作れば必ず見受けられるものだ。ストリートギャングは、たとえそれが自分の暮らしや家庭生活、近隣の生活を破壊するものであっても、縄張りや報復といった自分たちの群れ特有の概念しか受け入れない。群れスイッチが入ると、人は群れの世界における仲間と敵にばかりに目が向くようになり、目の前で起きていることが見えなくなってしまう。

一匹／群れスイッチが群れに入ってしまうと、人は序列に囚われ、支配されるようになる。自分の地位を奪われることを恐れて下の者を攻撃し、上の者にはへつらいつつも背後から付け狙う。仲間は「同士」と「敵」の間を高速で小刻みに移動し続けるため、次第に仲間を一人の人間と考えられなくなっていく。皆が漫画本に出てくるステレオタイプな人間にしか見えなくなる。友情を成り立たせる唯一普遍の根拠は、他の群れに対する共通の敵意だ。

そう、これは動物に喩えた話だ。もちろん私は、現代の「家で飼われている」猫は、群れで暮らす狼ではなく一匹狼に近いと考えている。猫も序列的な社会構造には強い関心をもってはいるが。もしかすると、猫にはプライドスイッチがあって、人と暮らすことによってそのプライドの高さから解放されたのかもしれない。猟場が豊かになればなるほど、仲間に対して最低の振る舞いをせずに済むようになる。猫にとって人間と一緒に暮らすようになったことは、人にとってのテクノロジーの進歩のようなものだったのかもしれない。選択肢が多いほど、トロールにならずに済む可能性が高まる。少なくとも、これまでの人間の歴史を総合的に見ると、テクノロジーの進歩にはそういう意味があった。BUMMERは、テクノロジーによって人の自由が侵される残念な例外なのだ。

人のスイッチは、普通は一匹狼に設定されているべきだ。

人が一匹狼であるとき、それぞれが世の中についての微妙に異なる情報を入手していて、その情報の捉え方も少しずつ違っている。ここまでは、一匹狼のスイッチと人格の関係について考えてきたが、一匹狼スイッチを入れておくべき理由は他にもある。

ビジネススクールの初日によく実演される実験について考えてみよう。講師は受講者たちにゼリービンズが入った大きなガラス瓶を見せて、何個入っていると思うか、と質問する。たいていの場合、全員の予測を平均したものが、正解に非常に近い値となる。一人ひとりが異なる観点や認知スタイル、技能、わからない事柄への向き合い方をもち寄ると、その平均が皆の合意となる（この方法がうまくいくのは、答えが一つしかない場合に限られる。何かの委員会に製品設計や小説の執筆を依頼すると、いかにも委員会方式のものが出来上がる）。

では、学生たちが、ソーシャルメディアのニュースフィードに投稿された写真でしかこのゼリービーンズの瓶を見られないとしたらどうだろう。同じ意見をもつ者のグループが形成され、異なる意見をもつグループとの間で嘲笑し合うようになるだろう。ロシアの諜報機関は、同じ瓶に異なる数のゼリービンズを入れた写真を紛れ込ますだろう。ゼリービーンズを売りたい人々は、トロールを刺激してゼリービンズが足りないからもっと買わなくてはいけない、と言わせるだろう。そんなことが次々と起こる。もはやゼリービーンズの数を当てることはできない。多様性がもつ力が奪われてしまうからだ。そうなったとき、市場はもうこの世界に幸福をもたらすことができない。

このガラス瓶を、選挙の候補者や製品、その他のあらゆるものと差し替えることができる。しかしそうすると、後述の、ＢＵＭＭＥＲがいかにして真実や意味から私たちを遠ざけるかについての章で取り上げる問題が生じる。

ここでは、この例のガラス瓶をソーシャルメディアを介して示されるあなたのアイデンティティだと考えてみよう。あなたのアイデンティティはＢＵＭＭＥＲによって群れ化されている。ソーシャルメディアで自分を公開することによって、あなたは自分を消し去っているのだ。一人ひとりが自分の頭で考えている場合、集合知はガラス瓶の中のゼリービンズの数を正しく推測することができる。しかし群れに加わり、集団順応思考に陥っているなら集合知はうまく働かない。

群れスイッチを入れることが必要とされる場合もある。軍隊はそのわかりやすい例だ。ときには、自分を捨てて集団の序列に従わねばならないこともあるが、それが生き延びる唯一の道だからだ。とはいえ、文明社会が目指すいちばんの目標は、そのような状況をできるかぎり減らすことであるべきだ。

民主主義は、群れスイッチが入っているときに崩壊する。群れ設定は市場の急激な高騰と市場の失敗を引き起こす。たしかに、経営者のなかには、ビジネスを軍隊に喩えたがる喧しい人たちがいる。彼らは人にタフさと冷酷さを求める。けれども、群れ設定は人々の目を部分的に見えなくしてしまうため、長い目でみると、タフさや冷酷さはビジネスにそれほど大きな効果はない。ビジネスを、社会的競争ではなく現実を見据えて行動することだと定義するならば、だが。

人々が一匹狼として行動するとき、一人ひとりが社会の独自の場所にいて、独自の考え方をもっている。もう一つの例を挙げよう。民主主義の選挙は異なる考え方を純粋に混ぜ合わせる仕組みで、論戦が繰り広げられても、これまでずっと社会を前進させる道を見つけることにつながってきた。しかしこれも人々のスイッチが一匹狼に設定されているときに限られる。民主主義は、このスイッチが群れに設定されているときに壊れる。部族主義的投票、個人崇拝、権威主義は、群れ設定に特徴的な政治力学だ。

矛盾しているように聞こえるかもしれないが、こういうことだ。群れを作ることにもっとも意味があるのは、そのメンバーが個人として活動しているときなのだ。

もっとも傲慢《マスターフル》なマスタースイッチ[註5]

あなたが私の一匹／群れスイッチ理論を認めてくれたと仮定して話を進めよう。オンライン体験中に、スイッチが群れに切り替わってしまう要因とは何だろう？　すぐに思いつく答えがおそらく正解だ。スイッチを一匹狼に設定しておくことの利点がよくわからなくなったときに群れスイッチが入る。

一匹狼であるとき、あなたは世間の人々の考えなどまるで気にしていない。より大きな現実と直接向き合うことを強いられているからだ。水と避難場所を見つけなくては死んでしまう。腐肉を漁り、自分で狩りをしなくてはならない。その現実があなたの人格を変化させる。集団の思惑に注意を払うことによってではなく、自分で集めた証拠をもとに問題を解決しなくてはならないからだ。あなたは、科学者や芸術家の特性を帯びてくる。

一方、群れの一員であるときは、社会的地位と策謀が目先の関心事となり、もっと大きな現実を見失う。あなたは操縦者や政治家、あるいは隷属者へと近づいていく。

つまり、より大きな現実と直接関わる機会を奪われ、社会的交流がもっとも重要となった状況が、人の群れスイッチを入れるのだ。

もっともらしく聞こえるだけでなく、この理論には入手可能な科学的証拠がある。たとえば、大規模なソーシャル・ネットワークのなかで、最低の振る舞いがもっとも少ないのがリンクトイン[註6]だ。これは、リンクトインにはBUMMERがもつそれ以外の問題点もないという意味ではない。たとえば、トリスタン・ハリスは、エンゲージメントという名目で社会不安を煽っているとして、リンクトインを名指しで批判している[註7]。

白状してしまおう。私は、リンクトインとは仕事上の関わりがあり、この事実は私の発言の客観性に疑問符をつける可能性がある（私自身はリンクトインのアカウントをもっていないが）。あなたは私の説を鵜呑みにせず、まずこの事実を十分吟味するべきで、私が利害の抵触を明らかにしたのは、そのための重要な第一歩だ。ご自分で判断してほしい！

さて、話は戻るが、私が知っているリンクトインの関係者はみな親しみのもてる人たちだが、ツイッターやフェイスブックの知人についても同じことが言える。リンクトインが他のソーシャル・ネットワークと異なる点は、リンクトインには自慢合戦より他にやることが――その人個人にとってより意味のあることがあるということだ。リンクトインはキャリアップのためのサイトとしてよく知られている。人々を操縦して物を買わせたり、それ以外の不適切な方法で人の行動を操ったりすることではなく、求職者と雇用者を結びつけることを主要な収入源としている。

仕事は実際的なもので、生計を立てるための現実のプロセスだ。現実であるだけでなく、代替不可能なものでもある。どの仕事も、それぞれの人にとって、特別でかけがえのないものだ。リンクトインのユーザーは、みなが同じ仕事を求めているわけではなく、したがって直接的な競争や、ユーザー間の駆け引きが余儀なくされることもない。また、ソーシャルメディアで大望を抱き、世界規模の競争に追い込まれていく人々のように、一人ひとりに人気度を示す数字が割り当てられたりもしない。

　リンクトインのユーザーには、世間に対する格好つけ以外にやるべきことがあり、この格好つけが最低最悪の行為を加速させている。そしてたいていの人は、できることなら、最低の人間以外のものになりたいと考える。何であれ注目を集めること以外のごく一般的な動機をもつことや、別の純粋に心理的な報酬を求めることが、この問題を解決する鍵だ。心理戦よりもっと重要な目的があるというリンクトインの単純な特性が、オンライン環境をよりよいものにしている。

　簡単なことだ。現実的な問題――どのように生計を立てるかということも含めて――が、結局のところ人々をつながらせ、礼儀正しく振る舞わせる。[註8]

　BUMMERが支配する世界では、あらゆる些細なコメントが、徹底的な人格攻撃と破壊を目的とする罵り合いに発展するか、さもなければ全員がお上品な偽りの姿を演じるかのどちらかであるように見える。そのわかりやすい例があのBUMMER中毒のアメリカ大統領、つまりソーシャルメディア依存の首領で、あらゆることを、他の誰かをツイートで完璧にぶちのめせるのは誰か、あるいは、揺るぎない忠誠を示すことによって優遇されるのは誰かを巡る競争に変えてしまう。

自分がいちばん優しくなれる場所を選ぼう

もちろん、卑劣な人間はBUMMERが誕生する以前から存在していたが、そうならないようにすることは、今よりずっと簡単だった。BUMMERを使っていると、ただまともであり続けるためだけでも、重力に逆らう努力が必要だ。

オンラインに最低の人間が蔓延る問題は、BUMMERのビジネスモデルを捨て去るだけでわりあい簡単に解決できる。一つ考えられるのは、オンラインを利用した、もっと公正で、より頻繁に金銭を稼げる方法があるのではないかということだ。これについては、ソーシャルメディアがどのように経済を崩壊させているかの章で詳しく説明する。

いま私たちに必要なのは、卑劣な真似をやめて取り組める、社会的な格好つけよりもっと現実的な何か《﹅﹅》だ。

ところで、あなたが個人的にできることもある。オンラインプラットフォームを利用中に心に厄介な感情が、つまり不安や、自分を卑下する気持ち、暴言を吐き人を打ちのめしたいという欲求がわきあがってきたのに気づいたら、そのときはそのプラットフォームから立ち去るのだ。簡単だ。

今、オンラインいじめが注目されているが、それは当然のことで、あなたもオンラインでいじめられた経験をもっているかもしれない。多くの、非常に多くの人がいじめの被害者となった経験をもっている。

しかしもう一つお願いしたいのは、オンラインで他の誰かを攻撃したい気持ちが湧き上がってきたら、自分の心の中だけで、本当に誰にも言わずに――その気持をシェアしてはいけない――それに気づいてほしいということだ。仕掛けてきたのはその相手のほうかもしれない。しかしそんなことはどうでもいい。相手にするだけ時間の無駄だ。そのプラットフォームから立ち去ろう。例の侮辱的動画を投稿してはいけない。報復的なツイートをしてはいけない。

もしも、明日ツイッターが運営を停止したら、もちろんトランプ大統領はツイートできなくなるが、それだけでなく、彼は今より少し親切で、少しはましな人間でいられるに違いないと私は思っている。少なくとも、彼が別のBUMMERプラットフォームを手に入れるまでは。

この予想を証明することはできないし、多くの人が私の意見に反対することだろう。それは構わない。でも自分のことを考えてみてほしい。真面目な話、あなたは自分がこうありたいと思う程度に人に優しくできているだろうか？　どんなときに、あなたは理想の自分に近づけているだろう？　苛立ち、冷淡になるのはどんなときだろう？

あなたの人格は、あなたという人間のもっとも重要な要素だ。その品位を落としてはならない。

理由4

ソーシャルメディアは真実を歪めるから

みんな知っている

近年、真実が失われた、と決まり文句のように言われることが多い[註1]。そして、その加害者としてもっともよく名指しされるのがソーシャルメディアであり、ソーシャルメディア中毒のあの大統領だ。「テクノロジーはいかにして真実を崩壊させたか」といったタイトルの記事[註2]は数えきれないほどある。

本書には、ソーシャルメディアがなぜ、どのように真実を歪めるのかについてのさまざまな理由が説明されている。それぞれが、ソーシャルメディアの利用をやめるべき理由そのものでもある。

さらに言えば、BUMMERのAからFまでの部品の一つひとつがそれぞれのやり方で真実を破壊している。

A　最低の人間（Assholes）は真面目な討論を鬱憤のはけ口に変える。一匹狼／群れスイッチを群れにセットした彼らは、社会的地位を巡る競争に夢中になるあまり、他のことは目に入らなくなって、より大きな、より本質的な真実を見失ってしまう。

B　テック企業はあなたを監視し、あなたの暮らしに干渉する（Butting into your life）。真実を認識するには、まずその人自身が信頼に足る人間である必要がある。それでこそ真実を正しく受け止めることができる。この原則は、ガラス瓶入のゼリービンズの喩えで説明済みだ。監視的なテクノロジーによって常に行動を促され続けると、人は真実を見る目を失ってしまう。

C　体験を無理やり詰め込む(Cramming)。人々が見せられるものが、莫大な収益を上げる少数の巨大企業が販売する製品だけであるとき、明らかに真実が歪められている。そしてこの、真実を歪めることこそが、彼らの売り物だ。

D　いたるところで実施される行動修正によって、人々の生活を方向づける(Directing)。経済的利益のために大衆が巧みに依存させられ、操縦されるとき、その大衆が真実から引き離されるのは明らかだ。それこそが問題だ。

E　誰か――危険な者たちであることも多い――が密かに他人の行動を修正するのを手助けして利益を得る(Earning)。経済的動機が、規則やポリシーをねじ伏せ、善意の人を味方につけることはよくあって、それについては後の経済についての章で説明する。だからこそ、BUMMERの経済的動機は往々にして真実を嫌う。少なくとも、真実と手を結ぶことはない。

F　フェイクパーソン(Fake Person)が真実を語るはずがない。実際、フェイクパーソンにとって真実を語ることは自殺行為だ。このフェイクパーソンはBUMMERによって育てられ、増殖させられてきた。

真実、つまり検証可能な主張や、偽りなく記録された出来事――すべての人が共有できるもの――は、人々を操縦しようとするBUMMERにとっては忌むべきものだ。BUMMERは自らの繁栄のために、しばしば真実を避けて通り、ねじ伏せる必要に迫られる。

フェイクパーソンは、すべてを偽物《フェイク》にする

部品Fが生み出すフェイクパーソンは、増殖してBUMMERのすべての偽りを形成する幹細胞だ。

あなたは、明らかに人間でないとわかるアレクサ、コルタナ、シリなどは別にして、オンラインでフェイクパーソンと関わったことなどない、と思うかもしれないが、じつは関わっている。それも大勢と。たとえば、高評価のレビューが多いという理由であなたが何かを買おうと決めたとき、その好意的なレビューの大半は存在しない人間によるものだった。検索エンジンを使って医者を見つけたときも、その医者が検索結果の上位に表示され

たのは、その医院と関わりのあるフェイクパーソンがたくさんいたからだ。みんなに人気だという理由でビデオや本を選んだとき、そのみんなの大半は偽物だった。あなたがいくつかのツイートを目にするのは、最初にボットネットによるリツイートが行われているからだ。

人は、若いときほど仲間の影響を受けやすく、その影響は一生残る。もしもあなたの友達の友達に、あなたを操縦する目的で仕込まれた大量のフェイクパーソンが混じっていたら、気づかないうちに巧みに誘導されている恐れがある。

こんなことは言いたくないが、社会的知覚〔社会的事象や社会生活についての個人の認知〕の影響力は大きく、あなた自身も偽物の生活を送ってきた可能性はゼロではない。BUMMERはあなたを少しずつ偽物に変えてしまう。

あなたがどうあがいても、ボットはあなたがまばたき一つする間に数え切れないほどのデータを送信することができる。フェイクパーソンは啓発的なサービス妨害攻撃〔大量のデータや不正パケットを送ってサイトへのアクセスを不可能にすること〕なのだ。

サービス妨害攻撃では、ハッカーはボットネットで狙ったサイトに集中攻撃をしかけて大量のトラフィックを発生させ、本物の人間がそのサイトにアクセスできないようにする。これは悪意あるアクターがコンピューターウィルスを使って攻撃する際の典型的なやり方だ。彼らは大量のコンピューターをウィルス感染させ、全部まとめて詐欺サイトにアクセスさせる。あるいは、もっとよくある手口としては、その能力をサービスとして有償で提供する。

ＢＵＭＭＥＲプラットフォーム上のフェイクパーソンの軍隊は、これと同じ方法で不当に注目を集め、雇用者に変わって世の中を操縦している。

通常、フェイクパーソンを管理しているのはＢＵＭＭＥＲプラットフォームの管理者とは別人だ。フェイクパーソンは、新たに生まれた地下組織で製造されている。今や、偽造人間を売る産業が存在するのだ。

ニューヨーク・タイムズの記事によると、二〇一八年初頭のツイッターのフェイクフォロワーの市場価格は、初回の二万五〇〇〇フォロワーが二二五ドルだった。[註3]フェイクアカウントは、実在する人々のアカウントのマッシュアップかもしれないが、一見本物に見える。著名人、経営者、政治家、より現代的なところではサイバー空間を暗躍する顧客らがフェイクパーソン工場を利用している。フェイクパーソンを売る工場もまた偽物であることが多い（「タイムズ」紙は、ある有名なボットサービス企業が公表していた会社の所在地が架空の住所であることを突き止めた）。

フェイクアカウントがなければ存在しえなかったかもしれないウェブサイトもある。そのもっとも有名な例は不倫相手の紹介サービスと噂されるアシュレイ・マディソンだろう。このサイトは、偽の女性アカウントを使って、男性たちをより高額なアカウントへと誘っていたと言われている。[註4] また、宣伝効果を狙って、サイトを批判する偽アカウントを炎上させた罪でも告訴されている。[註5]

大手BUMMER企業は、ボットに関してはまったく潔白とはいえない。大手BUMMER経営者にとって、偽アカウントを一掃するのは難しい。なぜなら、BUMMER企業とボットは、動物が腸内細菌を必要とするように、相互に依存し合う関係だからだ。なにしろ部品Fは、ソーシャルメディアに自由なエネルギーと活気を与えてくれる。暗躍するフェイクアカウント業者は、BUMMERに欠かせないものとなっている。

どこのテック企業もフェイクアカウント対策を行なっているが、彼らはフェイクアカウントの恩恵を受けてもいる。ツイッターで仕事をしている人は、心情的、倫理的には自分たちの提供するプラットフォームはボットフリーであるべきだと考えているかもしれないが、ボットがアクティビティを増大させサービスを向上させているのも事実だ。大量の偽のソーシャル・アクティビティが本物の人々に影響を与えていることがわかっている。偽アカウントのアクティビティが、間接的に本物の社会的現実を、つまり金を生み出している。コンピューター技術者は、この状況を利用して自分たちを正当化し、ボットがいかに自由で多様な発言を引き出しているかをまことしやかに語るかもしれないが[註6]、ボットは本物の言論を排除しかねない。

部品Fに関連する別の現象としては、レガシーメディア・アウトレットのいくつか、例えばアメリカのフォックス・ニュースなどが党派性を強め、より苛立ちやすくなったことがある（シリコンバレーでは、テレビ、ラジオ、新聞・雑誌などを「レガシーメディア」と呼んでいる）。ソーシャルメディアの時代になって、以前は、少なくとも近代においてはもう少し控えめだった旧来のメディアにこうした動きが高まったのはなぜなのか？　考えられる理由はたくさんあるが、もちろん一つには、BUMMERの使用により、かつてはありえなかったことを可能にする社会的雰囲気を作り上げられるようになったからだ。たとえば、とんでもない陰謀論がしばしばBUMMERによって発信され、フェイクアカウントによって拡散され、やがて異常に党派心の強いレガシーメディアに取り上げられる[註7]。というわけで、フォックス・ニュースなどの、政治的偏向報道を行うメディア・アウトレットは部品Fの仲間だ。こうした旧来のメディアは、BUMMERマシンの当座しのぎの部品として利用されている[註8]。

部品FがBUMMERマシンの恐ろしさを不動のものにしているため、ソーシャルメディアを改善しようとして少々手を加えたくらいでは何も変わらない。たとえば、アメリカでは取締機関がソーシャルメディア企業に対して、今後は広告料の支払い者の身元を確認するよう要請したが、ＢＵＭＭＥＲマシンを活気づける無数のフェイクアカウントが存在している今、支払い者の身元を確認したところで一体何になるだろう？

ボットはＢＵＭＭＥＲに微調整を加えたり、規制したりする動きを巧妙に回避する。たとえば、ＢＵＭＭＥＲの広告に厳しい規制がかけられた場合、ボットはすぐさま大量のシットポストを投稿して[註9]、広告では成し遂げられなくなった目的を達成する。これは、ＢＵＭＭＥＲをこの世からなくすべき理由の一つだ。

ソーシャルメディア企業の顧問弁護士は、合衆国上院での宣誓証言で、フェイクアカウントを見分けることは不可能だ[註10]、その方法がないと述べた。

これはダークコメディだ。おそらくＢＵＭＭＥＲのアルゴリズムは、あなただけでなく、フェイクパーソンのことも同じように操縦している。しかしあなたとは違って、フェイクパーソンが責任を問われることはない。

断っておくが、いま私が揶揄しているフェイクパーソンとは、人々を操縦する目的で大量生産された偽物のことだ。私には、あなたにとって何が真実であり、あなたがどのようにオンラインペルソナを作り上げているかについて、とやかく言う権利はない。私が批判しているのは力関係であり、真実とは何かを論じているわけではない。ティーンエイジャーがインスタグラムでフェイクアカウントを使うのは、必ずしも悪いことではない。なぜなら、自分が属している社会の第一級の市民になりたいのであれば、その社会の習慣をよく知ることは重要なことだからだ。その社会がフェイクパーソンで成り立っているのなら、あなたもフェイクパーソンの作り方を学ぶべきだ。

BUMMERは人の命を奪う

ＢＵＭＭＥＲから受けた被害の大半はアカウントを削除することによって修復可能だが、ＢＵＭＭＥＲの影響で社会から真実が失われ、ＢＵＭＭＥＲと直接関わりのない人々まで傷つける結果となっている。この危機的状況の例は特に政治の世界に散見されるが、ここでは公衆衛生の問題を取り上げたい。

私は父親であり、自分の娘が遊ぶ子どもたちには予防接種を受けてほしいと考えている。ワクチンは人類の共有財産であり、お互いへの贈り物だ。人類の歴史史上、もっとも偉大な発明の一つだ。

私が子どもの頃は、ポリオで変形した身体を引きずるようにして歩道を歩く人が大勢いた。命が助かって、歩ける患者はまだ幸運なほうだった。財産のあるなしも、肌の色も関係なかった。誰もがポリオに罹《か》かる可能性があった。

ところで、あなたがポリオ患者を最後に見かけたのはいつのことだろう？　ポリオだけではない。私の両親の世代は、何百万人もの――何千万人もの――犠牲者を出した数々の流行病を生き延びてきた。

予防接種は、電気、水洗トイレ、宇宙探査のすべてを合わせてもまだ足りないほどすぐれた発明だ。そして私は、いま挙げたすべての発明を心から気に入っている。

けれども、他の親たち――教育を受けた、アッパーミドルクラスのアメリカ人だ――のなかには、自分の子どもに予防接種を受けさせる気のまったくない人たちが実際にいる。彼らのなかには「左派」もいれば「右派」もいる。彼らは、単に予防接種はよくないと考えているだけではない。予防接種は有害で受け入れがたい、時代遅れの産物だと信じている。予防接種が自閉症を引き起こすと思い込んでいる。彼らは、陰謀論に囚われている。「教育のある」、どちらかといえば裕福な暮らしをしているだろう親たちが、愚かで危険な考えの影響をより受けやすく、それを助長していることに驚いている私のことを、読者はエリート主義者だと思うかもしれないが、そもそも教育のいちばんの目的は、人々を愚かな危険思想に染まりにくくすることではないのだろうか？

私はこうした親たちと連絡をとってみようと考え、すると彼らのＢＵＭＭＥＲフィードを見せてもらうことができた。彼らのフィードには連日のように、ミームやおぞましい作り話、クリックベイトが流し込まれていた。[註11] 実際にそのどこまでがボットによるものなのかは誰にもわからない。[註12] 彼らBUMMER中毒の親たちは、毎日届く肯定的、否定的な刺激をもとに新たな解決策を模索するうちに根拠のない妄想に囚われ、思考停止に陥っていた。

真実ではない奇妙な噂が社会に広がることは昔からあったが、人々は協力し合い、少しずつ真実に近づいていくことによって、現代の快適な暮らしを手に入れた。今の時代が昔と違うのは、ガラス瓶の中のゼリービンズの数を直接調べられる手段を、ほとんどの人がもはやもっていないことだ。

BUMMERの時代となった今、人々に届く情報は、操縦的な広告主や権力狂のテック企業が、操られ、逆上した人々による地位争いにどんなふうに関わっているかによって決まる。つまり、真実を見つける手助けとなるはずの社会的体験からも真実味が失われているということだ。

BUMMERの世界では、人々はいくつかの妄想的なピアグループに分類される。そのほうがより簡単に、確実に影響を与え、思い通りに操ることができるからだ。この分類は機械的、自動的に実施され、いつもそうだが、おもしろいほど悪気がない。テック企業内なくハムスター反対論でもまったく構わなかった。ＢＵＭＭＥＲがワクチン反対論を広めることに力を入れたのは、陰謀論は人々の注目を集める効果的な方法だとわかっているからだ。

人々が、致命的な流行病のない現在の贅沢な暮らしを楽しみ、苦労の末に手にした真実の恩恵に浴することを一時的に拒否しても、その暮らしを維持できているのは、我々人類が科学技術をもつ種として大きな発展を遂げてきたことの証だ。しばらくの間は、ワクチン接種をしなくても人は健康を保てるという考えで、問題なく過ごせる人もいるだろう。まるで健康であることが人の自然な状態であるかのように。

公共衛生対策と現代医学が、人の寿命を二倍にした。二倍だ！　ところが思いがけないことに、一部の人々が馬鹿げた妄想を信じ、その代償を自分たちの命では支払わずに済んでいる。少なくとも今のところは。

科学技術の進歩の恩恵を長期的に受けるためには、科学の進歩がもたらした安全と安らぎの陰で、人々が危険な妄想へと無為に押し流されることを阻止する方法をみつけなくてはならない。真実を伝える各種メディアは人類の生存に欠かせないものだが、今の時代の主要メディアにそんな力はない。

私がこの例を取り上げたのは、子どもをもつ親として怒りを抑えられないからだ。これは、心の底からの憤りだ。シリコンバレーを車で走りながら、はるか彼方まで広がる、低層のテック企業ビルの緑色の窓ガラスの向こうで働く私の友人たちの多くが、すでに根絶された病を再び子どもたちに流行させるプロセス[註13]に加担しているのかもしれないと考えると、猛烈な怒りがこみ上げてくる。

子どもたちを救おう。そのためにアカウントを削除しよう。

理由5

ソーシャルメディアは あなたの言葉を 意味のないものにするから

前後関係がわからなければ、あなたの言葉は意味をもたない。

相手の顔が見えている日常生活では、たいていの場合、その言葉がどんな状況で使われたかは明らかだから、この簡単な事実は忘れられがちだ。たとえば、私が今、「あっちへ行け！　今お前にかまってる暇はない！」と言ったとしたらどうだろう。それが、かまってほしくてやたらとまとわりついてくる飼い猫のルーフ（超然とした"aloof"ところがないからそう名付けた）に向けた言葉だとわからなければ、あなたは私のことを変に思ったり冷淡だと感じたりするだろう。

この法則は、極端な状況を思い浮かべてみるとわかりやすい。もしもあなたが、誰かが乗っている車のボンネットから火が出ているのを目撃して「火事だ！」と叫んだら、車内の人の命は助かるだろう。しかし、混み合ったナイトクラブの店内で同じことを叫んだら、客が出口に殺到して死者が出るかもしれない。本当に火事だったかどうかにかかわらず。

オンラインでは、自分の言葉や動画がどのような文脈で受け止められるかを知ることも、それを決めることもほとんどできない。この仕組みを手っ取り早く理解するには、やはり極端な例に注目するのがいちばんだ。

いいいいいいいいいいもっともニュースになりやすい「極端な例」は、言葉や動画の発信者が政治的影響力をもっていて、状況を変えさせられる場合だ。ユーチューブを使った広告を例にとってみよう。少し前までは、たとえば洗剤などの害のない商品広告が、テロリスト勧誘の恐ろしげな動画の次に配信されることは珍しいことではなかった。それについて広告主から苦情が出ると――実際に苦情が来てからしかやらないのだが――グーグルはテロリスト関連のコンテンツを削除し始めた。[註1]テロリスト動画の悪影響を受けた広告主には賠償として現金が支払われた。広告主は、グーグルにとって本当の意味での顧客であるため、意見を伝えることができた。しかしユーチューブのごく普通のユーザーは、BUMMERシステムによって与えられた文脈について、同じように声を上げられるだろうか？

しかしもっともありふれた極端な例は、オンラインで自己表現しようとした女性や少女らが、投稿した言葉や画像に性的な意味が加えられたり、暴力的、あるいは操縦的な文脈で利用されていたりするのを目の当たりにすることかもしれない。昔から、オンラインに投稿された女性の姿は、恥をかかせ、侮辱し、嫌がらせをするために、異様に歪められることが多かった。[註2]目立つ女性が嫌がらせを受けることはよくあった――たとえば「ゲーマーゲート事件」の被害女性のように――が、今ではごく普通の若い女性が被害に遭っている。[註3]

こうした過激な問題が起きるのは、どんな投稿も、自分が置かれている状況がわからないままに発したものであり、それが他の人にどのような文脈で伝わるかを知る信頼できる方法もない、というBUMMERゲーム特有のルールのせいに他ならない。

この問題は今やどこにでもありすぎて、まるで空気のように誰も気に留めなくなっている。私たちは、ものごとを文脈を考えて理解するのをやめてしまった。ソーシャルメディアは、意味をマッシュアップする。あなたが発したあらゆる言葉は、アルゴリズムやクラウド、そして実はアルゴリズムである大量のフェイクパーソンによって、他の人々の言葉と混ぜ合わされ《マッシュアップ》、文脈と意味が与えられる。

自分の発言が他人にどう受け止められるかは誰にもわからないことだが、BUMMERのない世界ではそれなりに推測はできる。私は人前で話すことがよくあるが、聴衆に合わせて直感的に自分の見せ方を変えている。高校生相手の講演会では、クオンツ[註4]でいっぱいの会場で話すときとは別の話をする。コミュニケーションとは普通はそういうものだ。

ソーシャルメディアで発する言葉は、本当の言葉とはまるで違う。あなたが発した言葉に、あとから文脈が付け加えられる。他の誰かの目的や利益のために。

このルールが、人が伝えうるものを変えてしまった。プラットフォームが言葉の文脈を決めるとき、コミュニケーションと文化は浅薄でちゃちな、意外性のないものとなる。予想外の文脈に放り込まれても、一時的にせよ意味を失わないことを言いたければ、とんでもなく偏った発言をしなくてはならない。それができるのは、最低の人間だけだ。

意味の不調和

ＢＵＭＭＥＲはあなたの言葉の文脈を自分の文脈に差し替える。アルゴリズムから見れば、あなたはもはや名前をもった個人ではなく、数字だ。フォロワー数、いいねの数、クリック数などの、あなたがＢＵＭＭＥＲマシンにどの程度貢献しているかを刻々と示す数字なのだ。

ディストピアを描くＳＦ小説には、人を名前ではなく数字で呼ぶ悪の帝王がしばしば登場する。現実世界の刑務所も受刑者に対して同じことをしている。そしてそれには理由がある。数字で呼ばれるということは、システムへの明らかな従属を意味している。数字は自由や地位、そして人間の尊厳が奪われていることを公に認めることだ。私は何よりもそのことにぞっとする。私の母は強制収容所の生き残りで、収容所では収容者の腕に識別番号の入れ墨が入れられていたからだ。今の時代なら、入れ墨は費用がかかりすぎるだろう。今ならナチスは、あなたのバイオメトリックスに数字をふって、クラウドに保存するだけだろう。

ソーシャルメディアの数字遊びを楽しんでいる人たちは、今の話をちょっと暗すぎると感じるかもしれない。私は今、まったく現代的なジレンマに直面している。もしも人々が、システムに組み込まれることを望んでいるとしたら、「人間の尊厳のために戦うべきだ」などと口出しする権利が私にあるのだろうか？　それは、他者の意思を尊重しない態度ではないか？

そんなジレンマを感じているから、私はこの状況を喜んでいるように見える人々――たとえばソーシャルメディア・インフルエンサーを目指す若者――を批判しようとは思わない。そうではなく、私が声を届けたいのは、数字至上主義のこの新たな現実に組み込まれながらも、数字にはならない別の道を模索している人たちだ。

コンテンツの配信元、たとえばニュースサイトなどはＢＵＭＭＥＲを介して人の目に触れるのが普通だ。そのためそうしたサイトは、アルゴリズムやクラウドに好まれようとしのぎを削っている。

最近訪れたあるニュース編集室は、部屋中に大きなスクリーンが張り巡らされ、まるでＮＡＳＡの管制室のようだったが、スクリーンに映し出されているのは編集室のメンバーによる投稿記事一つひとつについての最新の統計値だった。おそらく、記者やその他のクリエイターたちに数字ばかり意識させて「エンゲージメント」を最大化することが狙いなのだろう。記者たちは、ＢＵＭＭＥＲマシンの部品になるよう仕向けられている。気の毒な話だ。

この問題は、最近はフェイスブックのニュースフィードの問題のように言われているが、これは広くBUMMER全体に見られる欠点だ。この問題は、フェイスブックのニュースフィードができる以前から存在していた。[註5] フェイスブックがニュースフィードからニュースを減らすと発表した今、状況は少しはましになるだろう。それでも、BUMMERが推し進める文脈の崩壊からニュースがたちどころに解放されるとは思えない。ニュースが文脈を取り戻すためには、みながBUMMERではないシステムを通してニュースに接する必要がある。そのシステムとは？　望ましいのは、人々がニュースやその他のコンテンツと直接つながることで、さらに望ましいのはその際に購読料を支払うことだ。

ところで、ジャーナリズムが統計学の神に従属させられることには、数多くの問題点がある。批判のいくつかはよく聞かれるものだ。クリックベイトが多すぎると、人と人の対話が低レベルなものになる。記者たちは、失敗を恐れて思い切った記事が書けなくなる。

BUMMERアルゴリズムが固定化するまでの間、どんなふうに自己最適化を図り続けるかを覚えているだろうか？　その過程については理由1の章で説明した。BUMMERを最大限に活用したいという思いから、ジャーナリストを含めて、誰もが最適化ゲームへの参加を余儀なくされている。ニュースの配信元は、それ以上いじっても効果が変わらなくなるまで、ニュースの微調整を続ける。あとは同じニュースの繰り返し。クリックベイ

トの多くがとても似通っているのはそのせいだ。クリックベイトを最適化するには、この奇妙な方法しかないのだ。[註6]

人々をオンラインの世界から離れられなくしているのは、この微調整ではなく、BUMMER環境だ。BUMMERの外の現実の世界は複雑で理解しがたく、投稿を微調整するだけで、すべての人を同じ場所に閉じ込めることなど不可能だ。フィードバックはよいことだが、所詮は作り物であるオンライン環境で即時のフィードバックを重視しすぎると、おかしなことになる。[註7]

同じことを一般の人にわかりやすく言うとこういうことだ。心の声に耳を傾けたり、倫理観や美意識に注目したりすることの価値が、たとえ今は認められなくても、長期的にはより重要な働きをするかもしれない。少数の人と深く関わることのほうが、意味もなくみんなとつながることよりもじつは重要かもしれない。

考え直すべきことは他にもある。まず、なぜ数字を信じるのか？　前の章で述べたように、オンラインの世界は大部分が偽物だ。フェイクリーダー、フェイクコメンター、フェイクリファラル〔検索エンジンではなく、リンクをたどってそのサイトに来たユーザー〕。広告主への直接的なアピールを試みるニュースサイトは、その広告主が広告を出しそうな商品に関する記事――たとえば、次に買うべきゲーム機は？　など――のリーダー数を、他の記事のリーダー数をはるかに上回る数字にしているように見えることがよくある。
これは、問題のニュースサイトが数字を水増ししているという意味ではない。そうではなく、おそらくサイトの管理者が依頼したコンサルタント会社のアルゴリズムが、サイトの利用状況についての利用可能なデータを、広告主を引きつけるために利用するように最適化したのだ。つまり、このサイトのオーナーは意図的に数字を粉飾したわけではないが、自分のサイトの統計データは巨大な偽ケーキの一部だと知らないわけではないということだ。

このサイトを責めないでほしい。独立系のニュースサイトは本当に稀少で、貴重な存在だ。BUMMERによって窮地に追いやられた独立系ニュースサイトは崖っぷちに立っている。報道機関――特に金のかかる報道ジャーナリズム系のもの――はすでに二十年前から、巨大企業の妨害に立ち向かう新たなビジネスプランを早々に見つけることが急務だと言われてきたが、実際には何の手も打たれていない。

こうしてニュースは薄っぺらになった。ニュースが人の注目を集めるものであることに変わりはないが。BUMMERのニュースへの執着はやまないが、アメリカには、地方の報道機関はほとんど残っていない。我々の巨大なこの国が、資金と政治的影響力を備えた独立系のニュースルームをもたない国になるのも時間の問題だ。

読者に直接訴えたいという記者の意欲が薄れ、一方で、必ずしも信頼できない数字配給システムの評価が絶対視されるようになると、記者は記事が自分の意図とはかけ離れたものになっていくのを阻止できない。このシステムで誰よりも評価される記者は、何を書いているのか自分でもわからない記者だ。

たとえ読者がフェイクパーソンではなく本物の人間であっても、読者はアルゴリズムによって特定のコンテンツへと導かれているため、彼らの選択は本当の意味で自主的なものではない。よって当然測定された数値は有効ではない。誰かに行き先を指示しておいて、その行き先をもとに新事実を発見したと言うことなどできない。これもまた、当たり前になりすぎて見過ごされがちな問題の一つだ。

とはいえ間違いなく言えることが一つある。BUMMERの影響で独立系ジャーナリズムが危機に瀕しているという事実は、それらの健全さを示すものだ。ジャーナリストは、ソーシャルメディアのインフルエンサーより高い倫理観をもって仕事をしてきたが、その代償も支払ってきた。今や、本当のニュースが「フェイクニュース」と呼ばれるようになった。なぜならBUMMERの基準では本当のことこそが偽物《フェイク》だから。BUMMERの世界では真実が愚かな数字に取って代わられた。

ポッドキャスター

文脈が巧妙にすり替えられる状況をわかりやすく示すもう一つの方法は、少なくとも今のところは問題になっていないオンラインの配信法に注目することだ。オンラインの世界でまだ文脈が破壊されていない——少なくとも本書を執筆している二〇一八年の時点では——ものはポッドキャストだ。ポッドキャストはまだBUMMER化していない。

ポッドキャスターは本物の人間でリスナーにも知られている。ポッドキャストは自由に配信されるもので、よってそこには個性や文脈がある。リスナーは、——今のところ——ウェブサイトや動画などのビジュアルコンテンツを見て回るときほど簡単にはポッドキャストのオーディオコンテンツ間を飛び回れない。そのため、誰かがBUMMERのフィードに流れてきたコンテンツを見る場合とは違って、リスナーはポッドキャスターの予想により近い体験をすることになる。

この違いをよりわかりやすく説明するために、今からポッドキャストを破壊する方法を考えてみよう。もちろん誰も真似しないように。

どこかの悪い奴が、ストアで入手できるすべてのポッドキャストを転写し、さまざまなポッドキャストの一部を集めて、たとえばそう、同じキーワードを含む新たな「AI」ポッドキャストを合成するアプリを作るかもしれない。それは選挙戦の候補者である政治家Xについて、あるいは有名人の誰かについて、「みんなの意見を聞いてみましょう」というナレーションで始まる。

そのあとあなたは、その誰かについての人々の意見が立て続けに流れてくるのを聞くことになる。あなたは、その言葉の洪水の一つひとつを聞き分けることさえできない。言葉の群れがあまりにも早く、あまりにも大量に過ぎていくため、たとえコンピューターにはそれぞれの言葉の切れ端がどこから切り取られたものなのか認証できたとしても、あなたにはわからない。

ポッドキャスターは、切り取られ、ソーセージに混ぜ込まれるキャッチーな言葉をひねり出そうと競い合うようになるだろう。ポッドキャストには何の意味もないイカれた罵倒や策略、奇妙な叫び声や笑い声などがあふれるようになる。

AI研究者は、あるポッドキャスターが言った言葉を、別のポッドキャスターの声で言わせる方法を誇らしげに説明するだろう。すべてのポッドキャストの言葉をあなたの好きな俳優の声に差し替えられるようになるだろう。エズラ・クレイン〔米国のジャーナリスト、ブロガー〕の言葉を、ギルバート・ゴットフリート〔米国の俳優、声優〕の吹き替えで聞けるというわけだ。

さらには、あなた自身のボイスメールのメッセージも、その言葉の行列に差し込めるようになる。あなたのエンゲージメントを高めるためだ。おそらく、それが自分のメッセージを聞ける唯一の方法だろうから。

ああ、そして広告も投入されることだろう。正体不明のターゲット広告サービスにあなたの情報を報告し続ける、最新の「モノのインターネット」であるセンサー搭載衣料品について語るあなたの配偶者の声だ。そしてこの、政治家についての意見を集めたポッドキャストの断片の寄せ集めにかぶせるように、ある政治家がピザパーラーの地下でどんなふうに組織的な児童買春を行なっているかを語る声が流れるだろう。

トロールやフェイクトロールの軍団がこのシステムを悪用し、寄せ集めのポッドキャストにさらに冷酷なポッドキャストの切れ端を付け加えるから、あなたはもう消化不良に陥るだろう。最高に心優しい言葉の切れ端さえも、残酷で被害妄想的、侮辱的で人の神経を逆なでする音のスープのお飾りに過ぎなくなるだろう。

あるいは、あなたが目にする寄せ集めのポッドキャストは、フィルターバブル〔アルゴリズムのフィルター機能によって、ユーザーが自分が見たい情報にだけ接するようになること〕と化すことになるだろう。そこにはあなたが賛同する意見しか含まれなくなるだろう——ただしそれは本当の意見ではない。なぜならコンテンツはすべて混ぜ合わされて、言葉の断片の流れに、つまりリスナーたちが共有していると思われるものを単純化したものとなっているから。あなたと、別の言葉の寄せ集めを聞いている人たちとは、生きている世界さえも違ってしまう。

ポッドキャストの寄せ集めを作るこのアプリは、AI崇拝的なポッドキャスト・メタジニアスとか、もっと可愛らしくポディ・トレーニングとか名付けられるかもしれない。

この私の予想を突拍子もないとか馬鹿げていると思うなら、すでにテキストや映像、動画に何が起きているかをよく考えてみるといい。ソーシャルメディアのニュースフィードを世の中とつながる術としている人々がすでに受け入れているものと比べて、ポディ・トレーニングはそれほど悪いものだろうか、どれほどの違いがあるだろうか？

今はまだ、ポッドキャストはストアや購読システムに頼っているため、人対クラウド／アルゴリズム／隠れた操縦者の構造ではなく、人対人の構造を維持している。

どうか可能なかぎりポッドキャストを楽しんでほしい。しかし警戒は怠らず、もしもポッドキャストが毒されたなら、配信するのも聴くのもやめることだ。とりあえず今は、BUMMERモンスターに何かを投じれば、その意味とあなたのつながりが非常に希薄なものとなることを覚えておこう。

理由6

ソーシャルメディアは共感力を低下させるから

これは、裏を返せばソーシャルメディアがあなたを理解しがたい存在にする、という意味でもある。あなたのほうも他の人の考えが理解できなくなる。彼らに何が起きているのかをソーシャルメディアが見えづらくしているからだ。

ここでちょっと思い出してほしい。ＢＵＭＭＥＲの部品Ｃ――コンテンツを無理やり押しつける――とはつまり、あなたが見るべきものをアルゴリズムが決めているという意味だ。あなたは他の人が何を見ているのかわからない。部品Ｃが彼らのために選んだコンテンツは、あなたのとは別物だからだ。自分以外の人の世界観がＢＵＭＭＥＲによってどのように形成され、歪められているかをあなたは知ることができない。個別化された検索結果やニュースフィード、ニュースストリームなどがこの問題の根底にある。

過去の行動科学実験では、実験室に並べられた檻《おり》の中の犬に、それぞれの行動に応じた褒美や電気ショックが与えられていた。この実験で条件づけができるのは、それぞれの犬が、ある特別な行動をしたときだけ刺激を受け取るしくみができている場合にかぎられる。もしも電気ショックを与える電線が交差し、他の犬の刺激も受け取れるようになっていれば、条件づけはできないだろう。

ＢＵＭＭＥＲのプラットフォームについても同じことが言える。もっとも人の場合は、犬に比べてこれはずっと重大な意味をもっている。なにしろ、犬のように別々の檻に入れられていない人間は、自身の社会的知覚を頼りに暮らしているのだから。

つまり、私たち人間は、他の人々の反応に注目し、それを参考に自分が置かれている状況を把握している。周囲の人がそわそわしていれば、あなたもそわそわした気分になる。何か問題が起きているに違いないからだ。逆にみんながのんびりしている場ではあなたものんびりした気分になりやすい。

私が子どもの頃に流行《はや》っていたいたずらは、大勢の人がいる場所に行ってただ空を見上げるというものだった。するとそのうち、そこにいる全員が空を見上げた。見上げても何もないのに。

社会的知覚の働きを実感したければ、現地の言葉がしゃべれない外国に出かけてみればいい。すると、他の人たちが何をし、何に注意を向けているかが急に気になり始めるのがわかるだろう。それが、そのとき何が起きているかを知る唯一の方法だからだ。私も、タイのジャングルで他の人たちが同じ方向を見ているのに気がついて、自分もそちらに目を向けたことがある。おかげで、突然飛び出してきた軍のジープをすんでのところで避けることができた。社会的知覚のおかげで命びろいしたというわけだ。人類がこれまで生き延びてこられたのも、一つには社会的知覚のおかげなのだ。

ところが、誰もが別の、自分だけの世界を見ている今、私たちが周囲の人々に出す合図が相手に伝わらなくなった。ＢＵＭＭＥＲのプラットフォームの外にある、本当の現実を理解する能力が低下してしまった。

近年はそのことを示す実例も多く、たとえば、ピザ店の地下室で組織的な児童買春が行われているというオンラインのデマ情報を信じた男が、ライフル銃をもって店に押し入る事件が起きた。[註1] ＢＵＭＭＥＲが誕生する以前にも、狂信的なデマ情報が社会に広がった例はあって、セーレムの魔女狩り〔米国マサチューセッツの植民地で一六九二年に行われた魔女信仰に対する裁判〕もその一つだったが、デマ情報が今のように急激に広まることは少なかった。拡散のスピードや愚かさの程度、そして間違った社会的知覚の規模があまりにも大きくなりすぎて、もはや人々が同じ世界に、現実の世界に暮らしているとは思えないことも多い。

これもまた、人々の暮らしに忍び寄ってきた目に見える問題の一つだ。公共の場の重要性が失われただけでなく、何かを共有することの意味も失われた。

思考実験をしてみれば、今私たちが置かれている状況がいかに奇妙なものであるかが理解しやすくなる。ウィキペディアが、各個人についての秘密のデータプロファイルに基づいて、それぞれ異なる内容の記事を提示していたとしたらどうだろう。トランプ支持層のユーザーが見ている記事と、アンチ・トランプ層が見る記事がまったく違っていて、しかしそれぞれ違っていることも、違っている理由も一切説明されなかったとしたら？

あなたは、それを異様だとかディストピアのようだとか思うかもしれないが、BUMMERのニュースフィードでもそれとよく似たことが起きている。どんなコンテンツを配信するかが選択され、あなた用にカスタマイズされた広告が届けられ、あなたは、どの部分が自分用に変えられたのかも、それがなぜなのかもわからない。

この問題については、公共の場にいるときのことを考えてみればわかりやすい。あなたと一緒にいる人たちがスマートフォンを見ていないときは、あなたたちはみなでその場を共有している。あなたたちは共通の体験によってつながっている。そこには楽しい感情が生まれる可能性があり、それこそが人々が同好会やスポーツイベント、教会などに集まる最大の理由である。

しかし、誰もがスマートフォンを見つめているとき、あなたには他の人に何が起きているかよくわからない。彼らが何を体験するかを決めているのは、はるか彼方のアルゴリズムだ。スマートフォンをどこかにやってしまわないかぎり、あなたたちは何者にも邪魔されない共通の世界を創り上げられない。

かつての共有できる世界の片鱗は今も残っている。昔ながらのテレビニュースは、あなたに似た人が見ているものも、似ていない人が見ているものも視聴できる。たとえば、私はアメリカのフォックス・ニュースが好きではないが、それはあれが被害妄想的で党派心の強い、異常な番組だと思うからだ。それでも私はときどきフォックス・ニュースを視聴し、その体験はあの番組を見ている他の人々が何を考え、どう感じているかを理解することに役立っている。そしてそうできることがとても大切だと思っている。

けれども、私にはあなたのソーシャルメディアのニュースフィードを見る術はない。だから、あなたが何を考え、どう感じているかに共感する力が低下してしまった。もちろんお互いを理解するために全員が同じものを見る必要はない。全員に同じものを見せようとするのは、旧態然とした独裁体制だけだ。しかし、他人が何を見ているかをのぞき見できることはどうしても必要だ。

共感力[註2]は社会をまともに機能させるための燃料だ。共感力のない社会には、無情な法律と権力闘争しか残らない。

ハイテク市場に「共感」という言葉をもち込んだ張本人は私かもしれない。なにしろ一九八〇年代に、ＶＲ（バーチャルリアリティ）を共感のツールだと言い出したのは私なのだから。私は今でも、テクノロジーは共感力を高めるために奉仕できると信じている。もしも、よりよい未来の社会によりよいテクノロジーがわずかでも含まれていたなら、それは共感力のある社会になるだろう。

しかしＢＵＭＭＥＲはまさに共感力を低下させるためのものだ。

デジタル化が社会を無感動にする

ＢＵＭＭＥＲについてのよくある、そして的を射た批判は、それが「フィルターバブル」[註3]を生み出すというものだ。自分の考えを肯定されていい気分のあなたはますますその考えを強める。時折、あなたの意見と正反対の非常に腹立たしい考え方が提示されることもあるが、それもアルゴリズムが決めている。おだて上げるか、激しく罵倒するか。いずれにせよ、あなたの注意を引きつけるのに最適な手段が用いられる。

アルゴリズムは、エンゲージメントを高めやすい集団をつくるために、あなたと、あなたとよく似た他の人々を囲い込む。ＢＵＭＭＥＲのアルゴリズムは本質的に、人々をバブル（泡）の中に閉じ込める傾向をもっている。集団全体のエンゲージメントを高めるほうが、一度に一人ずつエンゲージメントを高めるよりずっと効率的で効果的だからだ（しかし、よく考えてみると、「エンゲージメントを高める」ではなく「操縦する」と言うべきだろう。なにしろこれは、あなたの行動を変えるために料金を支払っている正体不明の第三者のために行われていることなのだから。そうでなければ、どうして大金を支払ったりするだろう。フェイスブックは何百億ドルも受け取って、操縦以外の何をしているると言うつもりなのだろう?）。

フィルターバブルが社会に悪影響を及ぼすことは明らかだ。世の中を狭い視野でしか見られなくなるのだから。しかし、フィルターバブルは本当に新しい問題なのだろうか？もちろん、BUMMER以前の時代にも、有害で厄介な排他的コミュニケーションは存在しており、政治の世界で人種差別的な「犬笛」が使われた例もあった。

たとえば、一九八八年のアメリカ大統領選で、刑務所で服役していたウィリー・ホートンという黒人男性が、一時帰休の際に犯罪を犯した事件〔マサチューセッツ州で凶悪な殺人事件を起こしたウィリー・ホートンは、死刑反対論者だった当時の州知事マイケル・スタンリー・デュカキスのおかげで終身刑となったが、一時帰休の際に再び殺人を犯した。デュカキスは民主党代表候補者だった〕が、有権者の潜在的な人種差別意識を呼び覚ます目的で、共和党によって政治利用されたのは有名な話だ。しかしあのときはみなが同じCMを目にしており、それを見た人々が人種差別意識を刺激された理由は少なくとも理解できた。たとえ自分自身は、まったくそれに同意できなかったとしても。

しかし現代では、あなたはこの種の人種差別的広告を、必ずしも目にできない。これは、一つにはいわゆるダークアド（Dark Ad）が原因で、この広告は、厳密に言うとニュースではないにもかかわらず、個人のニュースフィードに表示される。[註4]フェイスブックのユーザーに配信された、数多くの過激な政治的ダークアドの存在がようやく明るみに出たのは、二〇一六年の大統領選で何が起きたかについての科学捜査が行われてからだった。[註5]ダークアドの悪質さと有害さが明らかになると、フェイスブックはその影響を減らすためのさまざまな対策を発表したが、本書を書いている今現在も、その方針はぐらついている。

フェイスブックの部外者は――あるいは内部の人さえも――ダークアドやそれに類似するメッセージがどれほど広まっていて、その影響力がいかに大きいかを知らないが[註6]、オンラインの視野の狭さを示すもっともありふれた例は、ほとんどの人が、アルゴリズムによってニュースフィードに配信されるものしか見ていないことだ。

私は、露骨なダークアドよりも、アルゴリズムによる巧妙なフィードの調整のほうが恐ろしいと思っている。かつては、カスタマイズされたメッセージを何百万人もの人に一瞬で送ることなど不可能だった。ずっと監視されていることに気づきもしない人々についての詳細な観察と彼らからのフィードバックをもとに、カスタマイズされた大量のメッセージを検証し、設計することも昔は不可能だった。

アルゴリズムによる監視と検証からは、ある日投稿された誰かの写真に付けられたあるフォントの活字が、少なからぬ割合の人々のその人物への信頼感をごくわずかに低下させることが明らかになるかもしれない。もしかすると、それと同じフォントが、その日に投稿された不愉快なテーマについての人気動画に使われていたのかもしれない。しかし、そのフォントになぜそうした影響力があるのかは誰にもわからない。結局のところ、統計値に過ぎないからだ。

こうした操縦の結果は、人々の行動が時間をかけてほんの少し変わる程度だ。けれども、小さな変化の積み重ねは、複利の金利のように膨れ上がる。

これは、ＢＵＭＭＥＲ企業の技術者《テッキー》には悪気がないにもかかわらず、ＢＵＭＭＥＲが部族主義に拍車をかけ、社会の分断を進めている理由の一つだ。自動で最適化するよう設計されたＢＵＭＭＥＲのコードは、人々の心に潜むあらゆる部族主義や人種差別主義を自動的に、当然のように鷲摑みにする。なぜなら、それらは誰の心の中にもあってひそかに待ち受ける、神経系のハッシュタグで、それを強調することで人々の注目を独占できるからだ（この問題については、「ソーシャルメディアは政治を歪めるから」の章で詳しく述べる）。

あなた自身の世界観が歪められているだけでなく、他の人の世界観を理解する能力も低下している。あなたとは別の場所で操縦されている別の集団に属する人々が体験している世界から、あなたは排除されている。あなたは、あなたの体験を操縦しているアルゴリズムが理解できないのと同様、彼らの体験も理解できない。

これはきわめて重大な事態だ。あなたが見ている世界は、あなたのことを誤解している人々には見えていない。そして彼らが見ている世界も、やはりあなたには見えていないのだ。

失われた心の理論

その人がどんな体験をしてきたかをもとに相手を理解しようとする能力のことを心の理論と呼んでいる。心の理論をもっている人は、他の誰かの頭の中で何が起きているかを、自分の頭で想像することができる。心の理論は、尊敬や共感などの感覚の核となるもので、知的な協働や礼儀正しさ、あるいは人のためになる政治には欠かせない。だからこそ物語が存在するのだ。

「他人を批判するのは、その人と同じ立場に立ってみてからにしろ」という言葉を聞いたことがあるだろう。その人がどんな人生を歩んできたかを少しも知らずに他人を理解することはできない。

大部分の動物は、心の理論をもっていなくてもうまくやっているが、人にはそれが必要だ。

他の誰かの表面的な行動だけを見て、どんな体験がその人にその行動を取らせているかがわからなければ、その誰かに対して心の理論を働かせるのは難しい。たとえば、誰かが他の誰かを殴るのをあなたが目撃したとして、しかしそれが子どもを守るためだったことを知らなければ、あなたは自分が見た光景を誤解してしまうかもしれない。

同様に、他の人が見ているダークアドやその人の周囲を取り巻く風説の数々、冷酷なミーム〔インターネットを通して、模倣されながら人から人へと拡散していく行動やコンセプトなど〕、カスタマイズされた嘲笑的な内容のニュースフィードを見ていないあなたには、その人は頭がおかしいとしか思えない。

そしてこれが、私たちを取り巻く新たなＢＵＭＭＥＲの世界なのだ。人々はお互いをどうかしていると感じている。ＢＵＭＭＥＲがお互いの心から心の理論を奪い去っているからだ。

たとえ、他の人の体験がカメラや、おそらくはスマートフォンやドライブレコーダーによってありのままに記録されていたとしても、ＢＵＭＭＥＲが人々を誘導してその記録の普遍性を破壊するノイズを追加させる。オンラインにはＢＵＭＭＥＲに主導された不透明性があふれている。たとえば、警官が発砲する直前の様子を撮影した動画があっても、ＢＵＭＭＥＲに導かれ、さまざまに編集され、一部を削除され、故意に意味を捻じ曲げられた動画が延々と投稿され続ける。ノイズが人々の共感を妨げている。

私はトランプ支持者のことを変わった人たちだと思っているし、彼らから見ればリベラルな人間のほうが変わっている。しかし、生きてきた環境が違うから理解し合えないと考えるのは間違っている。じつは今、私たちは自分以外の人が何を見ているのかを、かつてないほど見ていないという現実があって、だからお互いを理解する機会が少なくなっているのだ。

もちろん、他の人々が見ていそうな代表的なコンテンツのいくつかをチェックすることならできる。たとえば私は保守的な内容のニュースサイトを見るようにしている。自分とは異なる意見をもつ人とも、相手にその気があれば、できるかぎり会って話すようにしている。[註7]レディットには、そういうことができるなかなかいいコミュニティーがあった[註8]が、混沌とした悪意の海に沈んでしまった。

自分以外の誰かが実際に見せられているものと、その人が見ているだろうと自分が推測するものがどの程度違っているかは、そもそも知りようのないことだ。不透明さの程度はそれ自体曖昧なものだから、現代は予想以上に不透明な時代となった。私は、インターネットが透明な社会をもたらすと期待されていた時代を知っている。ところが現実はその逆だった。

理由7

ソーシャルメディアはあなたを不幸にするから

なぜ人気ツイートの多くが「悲しい」という言葉で締めくくられるのか？

ＢＵＭＭＥＲ企業は、友だちをつくって世界とつながろう、と楽しげに誘いかける。しかし科学は真実を明らかにしている[註1・2・3]。調査結果が示すのは、世界は以前よりつながってなどおらず、むしろ人々の孤立感が高まっている現実だ[註4・5・6]。

この傾向は誰が見ても明らかで[註7・8]、ソーシャルメディア企業自らも、自分たちがどんなふうに人々を悲しませているかについての調査を公表している。実際、フェイスブックの調査担当者は、フェイスブックは本人に悟られぬように人々を悲しませることができる、と豪語している[註9・10]。

フェイスブックはなぜそんなことを、素晴らしい研究結果であるかのように吹聴するのだろう？　フェイスブックのブランドイメージを傷つけることにならないのか？　おそらくその理由は、本物の顧客、つまり人々を操縦するために大金を支払う人々を引き寄せる効果的な宣伝になったからだろう。操縦される側の人々、つまりあなたは売り物であり、顧客ではない。

またつい最近、フェイスブックの調査担当者は、他の調査がすでに発見済みの事実をようやく認めた[註11]。それは、彼らのその売り物が社会に実害をもたらしうるということだ。

ソーシャルメディア企業のこの問題の取り上げ方について、私が何よりも驚いているのは、「たしかに我々の企業はあなた方を悲しませますが、この世界全体に与える利益は、損害を上回っています」とうそぶいていることだ。けれども、彼らが誇らしげに言う利益とは、すべてインターネットに固有のもので――我々が知るかぎり――損害を被らなくても、つまりBUMMERがなくても手に入るものだ。もちろん、人々がつながり合えることは素敵なことだが[註12]、そのつながりの代償として操縦されることを受け入れる必要がどこにあるだろう？　本当に問題にすべきことは、つながることではなく、操縦されることだとしたら[註13]？

本章の冒頭に、インターネットで人とつながることは楽しいことであるはずなのに、ソーシャルメディアがどのように人々を悲しませているかについての参考文献を、註の形でいくつか挙げておいたが、その種のデータは驚くほど多い。自分でも検索してみてほしい(ただし、検索することによってあなたのニュースフィードに影響が出る可能性があるので気をつけるように。あなたはソーシャルメディア企業によって――必ずしもあからさまにではないが、ひそかに――抑うつ的になりやすい人間だとレッテルを貼られるかもしれない。すると、あなたのその特性を自動的に利用するアルゴリズムを使っているオンラインの操縦者が、あなたを抑うつ状態にするかもしれない)。

また、註で紹介したウェブサイトの、ソーシャルメディアが人々に悲しみを与えるという説を肯定する研究論文を熟読してほしい。ソーシャルメディアが人々を悲しませる理由についてもさまざまな仮説があるのがわかるだろう。たとえば、美しさや社会的地位についての非現実的な基準ができてしまうことや、トロールの攻撃を受けやすいことなどだ。

人々を悲しませる理由がさまざまなのはなぜだろう？　人をしょんぼりさせる方法は一つで十分なのでは？　ＢＵＭＭＥＲのビジネスモデルの中心的戦略は、ユーザーのエンゲージメントをできるかぎり高めるようにシステムを自動適応させることで、否定的な感情はより利用しやすいため、こうしたシステムが人々を嫌な気分にさせようとしがちなのは当然のことだ。ＢＵＭＭＥＲシステムは、ユーザーを憂鬱にさせる刺激の合間に、時折ユーザーを喜ばせる刺激をはさみ込む[註14]。あなたの感情を操縦する自動操縦装置が、報酬と罰をランダムに与えるほうが、報酬だけ、あるいは罰だけを与えるよりも効果的だと次第に気づき始めるからだ。依存は快感喪失症、つまり依存していること以外のどんなものにも喜びを感じにくくなることと関連があり、ソーシャルメディア依存者は、長期的な快感喪失症に陥りやすい傾向があるように見える[註15]。

間違いなく、ＢＵＭＭＥＲはあなたを不幸にする。しかしどのように？　もちろん、あなたにぴったりの特別な形の不幸が用意される。ＢＵＭＭＥＲ企業を経営する人々は、何があなたを打ちのめしたかを知る必要などない。それはあなただけが知っていることで、守られるべき最低限のプライバシーだ。あなたは、その暮らし方を見せつけられた他の誰かほど魅力的でもなく、成功もしていないことに悩むかもしれない。そんなあなたも、他の誰かに同じように感じさせる道具としてBUMMERシステムに利用されている。

調査から、人々が不幸だと感じる理由にはいくつかの傾向があることがわかっており、だからあなたにどんなことが起こりうるかを推測することはできる。たとえばあなたは、セックスがしたくて長時間アプリを使っている割には、それほどセックスのチャンスに恵まれないかもしれない。[註16] ただ座ってスクリーンをスワイプしているだけだ。ソーシャルメディアに家族との素敵な暮らしぶりを投稿しているのに、じつは家族と過ごす時間はそれほど多くないかもしれない。[註17] ソーシャルメディアを使えば使うほど、自傷行為のリスクを高める結果になっているかもしれない。あなたが若い女性である場合は特に。[註18] ソーシャルメディアが、あなたのトラウマを悪化させる結果につながっているかもしれない。[註19] ソーシャルメディアで自己表現しているのに、自尊心は低下する一方かもしれない。[註20]

いろいろな推測はできるが、ここでそうするつもりはない。私はあなたを知らない。調査が示すのは、統計的な傾向に過ぎない。もしかするとあなたは例外かもしれない。あなたがどれに当てはまるかを推測する権利は私にはない。

BUMMERの間違った結末

ここでは、ほとんどのソーシャルメディアを含むある種のオンライン設計が私を不幸にする、と考えるようになった理由を掘り下げてみようと思う。ソーシャルメディアを使っているときの私の不快感は、これまで説明してきた、ソーシャルメディアのアカウントを削除すべき理由のすべてと関わりがある。それは、BUMMERは私を従属させるからだ。BUMMERが与える屈辱感は構造的なものだ。

私を嫌な気分にさせるのは、表面的なことがら——たとえば、みなが真実を偽り、自分の生活を裕福で、幸せで、何の問題もないように見せていることではなく、BUMMERを動かす中心的なシステムそのものだ。オンラインに依存させられ、操縦されるのも嫌だが、それ以上に不快なことがある。BUMMERシステムは、重要な目的など何もない不公平で侮辱的な競争に放り込まれ、評価されていると私に感じさせるのだ。

私は、ソーシャルメディアの原型が生まれた初期の頃から、自分の不快感に気づいていた。あれは一九八〇年代のことだ。初期のユーズネットなどの旧式のサービスを利用したときでさえ、セッションを終えたときに、自分の中に、体験したことのない奇妙な喪失感を感じた。それは、子どものとき以来感じたことのない感覚だった。不安感、自分はうまくやれていないという感覚、否定されることへの恐れが不意に湧き出してきた。私は、自分が悪いに違いないと思った。なぜならテクノロジーは目覚ましい進歩を遂げていて、つまり電話や新聞などの旧式のアナログメディアよりもずっとよいものであるはずだったから。

この感覚が生まれたのと同じ頃に、私は自分の中のトロールにも気づいた。トロールについては最低の人間の章〔理由3〕で説明したが、これもまたはっきり自覚できるものだった。私は自分で思考実験を試みた。インターネット上の設計を利用すると嫌な気分になるのは、どんな品質のものの場合なのか？　使ったあと幸せな気分になる設計とどこが違っているのか？　考えた結果、わかったことが一つある。評価する人々が本気で取り組んでいて、そこに真摯に目指す高尚な目的があるのなら、私は評価されても平気だが、集団によってデタラメに評価されるのは、あるいは愚かなアルゴリズムに支配されるのはとうてい我慢できないということだ。

他の人に比べて友だちが多いのか少ないのか、人から好かれているかどうか、あるいは何らかの点で他の人よりすぐれているか、他の人よりクールか、リッチになりそうかどうか、などをプログラムが数字で示すことが不愉快だ。BUMMERのアルゴリズムは、BUMMERのあらゆる仕事をするために、あなたをカテゴリーに分類し、ランク付けしなくてはならない。ＢＵＭＭＥＲの目的は、あなたとあなたの行動の変化を売り物にすることだけだ。アルゴリズムは基本的にプラットフォームの所有者と広告主のために仕事をしており、その種の人々は、操縦しやすくするために、あなたを抽象化することを必要としている。

フェイスブックやグーグルなどの企業が裏で使っているＢＵＭＭＥＲアルゴリズムは、決してハッキングできない場所にあるいくつかのファイルに保管されている。それほど重大な秘密なのだ。ＮＡＳＡ[註21]やＣＩＡ[註22]の最重要機密は過去に繰り返し漏洩しているが、グーグルの検索アルゴリズムやフェイスブックのフィードアルゴリズムのコピーはダークウェブを探しても見つからない[註23]。

その理由の一つは、現代のＡＩプログラムやその他の崇拝されているクラウドプログラムがじつはどんな風に働いているかを誰でも見ることができたら、みなが警戒するからだ。そうなったら、アルゴリズムがはじき出す結果がときにいかに気まぐれなものとなりうるかを、みなが知ることになるだろう（このアルゴリズムのランダム性については理由1で詳しく説明した）。アルゴリズムの有益性はあくまでも統計的な、取るに足らないもので、しかしその頼りない有益性が、現代社会の莫大な富を生み出した。

しかし私には、プログラムがどれほど過剰に崇拝されているとしても、問題はプログラムではなく、人々が盲目的にそのプログラムを崇め奉り、受け入れるせいで生まれた力関係だと思える。

あなたに関する誇張された――まったく馬鹿げた――情報や意見は昔から存在するが、それらが重大な使われ方をすることはなかった。たとえば、昔新聞に掲載されていた星占いがそうだ。昔は、企業があなたの視線の動きや、クリックしたかどうかを追跡する術をもたなかったから、あなたが実際にどの記事を読んだかは誰にもわからなかった。そもそも、あなたが星占い（星占いを信じている読者には申し訳ないが、私はくだらないと感じる）を読んだからといって、それが何なのだ？

星占いを読んでいたとき、あなたは心から星占いを信じていたのかもしれないし、自分の運勢についてさまざまな意見を聞くのは面白いと考えていたのかもしれない。あるいは、星占いなどジョークにすぎず、でも楽しいと感じていたのかもしれない。いずれにせよ、星占いで力関係が生じるのは、あなたと無生物の間、そしておそらく、あなたがたまに星占いの話をする誰かとあなたの間だけだった。

新聞の星占いが影響を及ぼすのは、あなたの頭の中だけに限られていた。あなたと他の人々の力関係には一切影響を与えなかった。

ところがＢＵＭＭＥＲの時代になって状況は大きく変わった。新聞がオンラインサービスに取って代わられ、星占いの代わりに、あなたは健康状態や職業倫理、デートの相手としての好ましさなどについて評価を下されるようになった。たとえばフェイスブックは、政治的傾向をはじめとするさまざまな要因をもとにあなたをカテゴリーに分類している。[註24]これらのカテゴリーは、BUMMER版の星占いのようなものだ。

あなたを分類するBUMMERアルゴリズムが下す評価は、科学的には何の意味も信頼性もないものかもしれないが、現実の暮らしでは非常に重要な意味をもっている。アルゴリズムの評価が、あなたがどんなニュースを目にし、恋人候補としてどんな相手を紹介されるか、どんな商品を勧められるかを決めている。ソーシャルメディアに基づくあなたの評価が、あなたがどんなローンを借りられるか、[註25]どこの国なら訪問できるか、[註26]就職できるかどうか、[註27]どんな教育を受けられるか、[註28]自動車保険給付金の請求が通るかどうか、[註29]そして集会の自由を許されるかどうか[註30]を決定する（いま挙げた例の多くで、第三者機関は、BUMMER企業による分類を信頼してそのまま利用するのではなく、BUMMERのデータに独自の評価アルゴリズムを適用している）。

あなたの気まぐれな行動や奇妙な癖は、あなたより力をもつ権力によって詳細に観察されており、あなたが東ドイツや北朝鮮で暮らした経験をもっている場合を除いて、あなたにとって初めての体験だ。

評価の目にさらされずに自己改革する場を確保できないこと。それが私を憂鬱にする。人を尊重することが重視されなくなった今、どうやって自尊心を保てばいいのだろう？本物の自尊心をもてないのに、幸福など感じられるはずがないだろう？　自分の読んだものや言葉、行動のすべてが評価マシンに投入されるというのに、一体どうしたら偽りのない自分でいられるのか？

整理しておくと、BUMMERマシンの内部では、二つのレベルで評価が行われている。一つ目は、人にも理解できる、人の目に見える評価だ。今このときも、オンラインにはあなたに関する、あなた個人についてのさまざまな見解があふれている。友だちは何人いて、フォロワーは何人か？　あなたは人気者か？　何ポイント稼いだか？　他の人にそのオンラインストアを薦めたという理由で、仮想現実の金の星またはキャンディをもらったか？

もう一つの評価は数学的相関に基づくもので、おそらく人はそれを目にすることも、理解することもできない。機械学習のアルゴリズムが実施するこの評価は、その成り立ちから、しばしば中間層判定と呼ばれる。この評価はBUMMERの卑劣さを最適化するために用いられる。あなたにある種の影響を与える効果が最も高そうなのはどんな広告か、家族からあなたに送られてくる情報に、どんなニュースや愛くるしい猫の画像を紛れ込ませるべきかが判定される。

細かい点はどうあれ、実際に今何が起きているかに目を向けてほしい。あなたや周囲の人々は、望んでもいない数々の愚かな競争の中に突然放り込まれてしまった。友人たちのフィードに届くかっこいい写真があなたにはあまり届かないのはなぜなのか？　あなたのフォロワー数が友人のフォロワー数より少ない理由は？　こうした社会不安を絶え間なく投与されることで、人々はますますソーシャルメディアにのめり込んでいく。人の社会脳は、自らの社会的地位を観察し、他人に遅れをとるまいとする気持ちを掻き立てる。まるでサバンナで群れからはぐれ、捕食者の生け贄となる小動物のように。

私はずいぶん昔に、自分で選んだ特別な目的のためである場合以外、人から評価されるのはごめんだと考えるようになった。研究プロジェクトの助成金が欲しければ、競争して勝ち取らなくてはならないことも、自分のプロジェクトが評価されることもわかっている。でも一体どうして、頼んでもいないのに、得体の知れないアルゴリズムに私への評価を言いふらされなくてはならないのか？

けれども、おかしなことに、実際にアルゴリズムに評価されると、それを無視しきれない自分がいる。私の中に、競争心むき出しの小さな悪魔がいる。おそらくこの生き物は、ほとんどすべての人の心に棲《す》んでいる。

誰それが、自分よりずっと人気がある／頭がいい／多くの人とつながっている／重要人物である／その他もろもろと評価されたことがわかると、私の中のその小さな悪魔がこう言う。「へえ、そうかな?」。そして何か手を打たなくてはと考える。そのゲームに勝つか、別のゲームを探して勝とうとする。

けれども、ＢＵＭＭＥＲシステムの内側にいるかぎり、その葛藤から逃れることはできない。ＢＵＭＭＥＲの世界では常に数えきれないほどのゲームが実施されていて、あなたはそのほぼすべての敗者となる。なぜならあなたは地球規模の戦いを戦っているからだ。その戦いでは勝者はたいていでたらめに決まる。

これは、フットボールの試合が一度に一試合ずつ行われるのとは違って、常に地球全体を巻き込む世界的規模の試合が行われているようなものだ。そこではすべての人がすべての人を相手に戦い、ほとんどの人が常敗を喫している。史上最悪のスポーツだ。

しかももっと悪いことに、ごく少数の人々が、私のようなシリコンバレーの人間が、あなたを上から見下し、あなたやあなたの友人たちには見えないものを見ながら、あなたを操縦しているのだ。

見張り塔

私がこの事実を心から実感したのは、グーグルが設立されたばかりでまだ小規模だった頃だ。当時私は、グーグルプレックスの前身である企業の小さなオフィスにいて、私の友人で、その企業の初代プログラマーの一人から、ある女性から届いた非常に切迫した内容のｅメールのことを聞いた。その女性の名前をグーグルで検索すると、彼女が尿依存症であるというくだらない投稿が必ず先頭に表示される、というのだ。

これは、グーグルの初期の社員たちにとって興味深い出来事だった。この状況をなんとかしてほしいという女性の必死の訴えに対処するべきか？　あるいは、長期的に見れば、検索エンジンには女性が被る被害をしのぐ利点があると信じるべきなのか？

この種の問題は今では珍しいものではないが、残念なことに今でもそれで人生を台無しにされる人がいる。ＢＵＭＭＥＲまがいの配車サービス、ウーバーは、人々の行動を監視する自分たちのシステムを「ゴッド・ヴュー《ゴッド・ヴュー》」[註31]と呼んでいる。

シリコンバレーは驚くべき神のような目をもっていて、誰がいつ、何を書いたか、誰がいつ、それを見つけて読んだかを、人またはアルゴリズムが常に監視し続けている。まるで人工のアリの巣を観察するように、そこで起きているすべてを見ることができる。そして小さなアリもそれを知っている。自分たちが監視されているとわかっている。助けを求める女性からの嘆願は日に日に切羽詰まったものになっていった。当時の社内には彼女に同情する者もいたが、笑い草にする者たちもいた。

自分たちより優れているとされているが、じつは少しも優れてなどおらず、大学を出たごく普通の人々、たまたまBUMMERを扱う仕事に就いた人々に、まるでアリのように観察されているのだと思うと……自尊心を傷つけられ、憂鬱になる。

それに思い出してほしい。BUMMERにとって、人々の否定的感情は、肯定的感情よりもずっと操りやすく、利益を生みやすい。

もしも、一般の人々がみな幸福で満足しているなら、ソーシャルメディアが示す数字にこだわるのをやめて、花見に出かけて浮かれ騒いだり、あるいはお互いと直接関わろうとさえするかもしれない。けれども、人々が常に自分が人気者かどうかを気にかけ、世界は縮小しているのだろうかと心配し、友人や家族とのつながりを批判してくる愚か者に腹を立てているなら、人々がその閉じた世界からあえて出ていくことはない。人々が警戒心を掻き立てられるのも無理はなく、そこから抜け出せなくなる。

そして、我々シリコンバレーの人間は、アリが土中により深く潜っていく様子を喜んで眺めている。その間にも、アリは金を生み出してくれるからだ。

あなたは、この一方的な力関係にずっと支配されている。あなたは、フェイスブックの傘下にあるインスタグラムやワッツアップを使うことに屈辱を感じないのだろうか？　株式公開会後もCEOが支配権を握る株式会社はフェイスブックが初めてだ[註32]（フェイスブックは二〇一六年四月に、議決権のない種類株を発行すると発表。ザッカーバーグの支配力を維持することが狙いだった）。何も、マイク・ザッカーバーグに個人的な恨みがあるわけではない。私が問題にしているのは彼個人ではない。しかし、自分の人生の大半を、一人の見知らぬ他人に委ねようなどと、一体どうして思えるだろう？

私の若い頃にも、世の中には大物政治家や大金持ち、ポップスター、産業界の重鎮などが大勢いたが、誰一人として、私の人生を本質的な意味で支配することはできなかった。彼らは時折興味深い言葉を発して私に影響を与えてきたが、それだけのことだった。彼らはいつも遠く離れた場所にいて、私の人生に関わることはなかった。

自分は気にならない、と言うあなたも、心のどこかでは気になっているとわかっていて、でもこれはどうしようもないことで、だからいちいち腹を立てても意味がないと考えているのではないかと思う。しかし解決策はある。アカウントを削除することだ[註33]。

理由8

ソーシャルメディアは あなたの経済的安定を脅かすから

ダブルBUMMER

BUMMERの出現以来、発展途上国の多くの人々の経済状況が悪化している。ギグ・エコノミーに頼る人が増えるにつれて、人生設計を立てるのが困難になっている。何年働いたとしても、ギグ・エコノミーに従事する人が経済的安定を手にすることはほとんどない。言い換えれば、ギグ・エコノミーでどんなに成功しても、彼らの経済的リスクは減らないように見える。なにしろ、社会保障制度が不十分なアメリカでは、何らかの職業に長年真面目に従事してきた、技術をもった勤勉な人でさえ、高額な医療費のせいでホームレスになるかもしれないのだから。

かたや、一握りの企業家たち——コンピューター関連事業の中枢に近い人たちと決まっている——が莫大な財産を築き、かつてないほどの貧富の差を生み出していて、まるで一九世紀の『金ピカ時代』〔南北戦争直後から四半世紀にわたる米国の好況時代〕のようだ。リスクを負うのは常に一般市民だ。巨大なコンピューターの周辺にいる人々は、カジノのオーナーのように富裕なままだ。

これは、BUMMERに関連して生じた経済的／社会的契約の、持続不可能な変化なのだろうか？　あるいはこの二つの変化は偶然同時期に起きただけなのだろうか？　答えは次の通りだ。ＢＵＭＭＥＲは多くの人を精神的に不安定にしてきただけでなく、経済的にも不安定にしてきた。

では、この二つはどうつながっているのか？　それを説明する前に、まずはＢＵＭＭＥＲが誕生した当時のデジタルの世界の様相について話さなくてはならない。

ベビーBUMMER

ある意味、ＢＵＭＭＥＲはインターネットが生まれる十年ほど前に起きた、フリーでオープンなソフトウェアを推進する熱烈な、ほとんど宗教的ともいえる運動が生んだ思いがけない結果だった。インターネットが誕生したとき、企業家の関心がもっぱら広告に頼るビジネスモデルに向かったのは、皮肉にも、フリーでオープンなソフトウェアを求めるテッキーヒッピーからの社会的、政治的な圧力が原因だったのだ。

ＢＵＭＭＥＲ企業がこの世界にもたらしたものは多々あるが、最初に大衆の興味をひいたのは、おそらくそれが無料だったことだろう。グーグルで検索しても料金を支払う必要はなく、ユーチューブへの投稿も閲覧も無料。フェイスブックもツイッターも登録料はいらなかった。

無料であることが、これらのサービスを急成長させた。無料であることとは、人類の大部分をパートタイムの実験動物に変えてしまった非常に破壊的なBUMMERのビジネスモデルの基礎をなすものでもある（悪意ある誰かが無数のフェイクパーソンを世の中に送り出せるのもこの無料サービスのおかげだ）。

広告を収入源としてハイテクの情報サービスを無料で提供する、という考え方は目新しいものではない。十九世紀初頭の、ラジオ放送やテレビ放送には無料で提供する以外の選択肢はなかった。なにしろ放送局は、誰が番組を受信しているか知りようがなかったのだから。一体誰に料金を請求すればいいのだ？　しかし、ビジネスモデルは、時代遅れになったあともそのまま残り続けることがある。その証拠に、顧客が料金を支払ってケーブルテレビを見るようになっても、テレビＣＭはなくならなかった。

インターネットサービスの場合は、最初から選択の余地があった。実際、学生だったテッド・ネルソンが一九六〇年代に設計したいちばん最初のデジタルネットワークは、ユーザーが使用料を支払い、デジタルネットワークで商品を売り買いしてちょっとした利益を得ることが想定されていた。けれどもそのアイデアは、善意の構想だったにもかかわらず、フリーなソフトウェアを求める運動によって事実上、忘却の彼方へと押しやられた。

ソフトウェアを無料にする運動は、悪気のない思い込みから生まれたものだ。無料《フリー》でないソフトウェアはオープンともなりえない。なぜなら、ソースコードを見られるのが開発者だけだということは、そのソフトウェアが実際には何をするものなのか、誰にもわからないということだから、というのが彼らの主張だった。公平のために言っておくと、この懸念は根拠のないものではなかった。当時はソフトウェアを販売する企業は通常ソースコードを公開していなかった。ソースコードを明かせば、一部を変更して新しいプログラムとして販売することができ、元の開発者の売上に差し障る、というのがその理由だった。

ソフトウェアがやがて法律より重要になることはみなわかっていたから、秘密のコードで管理される世界は薄気味悪い陰鬱な場所になると思われた。だからこそ、民主主義やリテラシー、良識の根底にあるべき透明性が保たれるのは、フリーなビジネスモデル以外ないと考えられた。フリーであることとオープンであることは永遠に一つに結び合うものだと思われた。しかし、コードが無料でコピーされるなら、プログラマーはどのように生計を立てればいいのだろう？　コードを無料で提供し、出てきた問題を解決する仕事で稼げばいいのかもしれない。そうなったら、彼らは著作権使用料に頼るのではなくギグ・エコノミーに従事することになる。そうしたら彼らは、大金を稼ぐ資本家階級ではなく労働者になるだろう。しかし、少なくともソースコードの透明さ、つまりオープンであることは保たれ、民主主義はさらに隆盛するだろう、と考えられた。

よい考えだが、そうはならなかった。活動家らがソフトウェアはオープンであるべきだと最初に言い出したときは、コンピューターはまだつながり合っていなかった。しかし今はつながっている。そうなってからすでに何十年もたっている。つまり、今やＢＵＭＭＥＲ企業は、自分たち専用のコンピューター上であなたの人生をデザインするソフトウェアを作成し——操縦的フィードであなたが何を見るかを決定することができるということだ。彼らのコンピューターは、あなたには決して近づけないとびきり安全な場所に設置されている。彼らが開発したソフトウェアは超弩級の機密事項だ。これまで、さまざまなファイルがハッカーによってハッキングされてきたが、大手ＢＵＭＭＥＲ企業の検索アルゴリズムやフィードアルゴリズムがハッキングされたことはない。あなたを操縦するための秘密のコードは王冠さながらに守られているのだ。

　いちばん重要なソフトウェアは、ひと目にさらされることなく、隠されている。果たしてそのソフトウェアとは？　ＢＵＭＭＥＲのソフトウェアは、たいていの場合フリーでオープンなソフトウェア（たとえばリナックス／アパッチスタックなど）基盤上で作動している。しかし、このフリーでオープンな基盤の上で何が行われているかは誰にもわからない。オープンなソフトウェアを求める運動は、今現在、私たちの人生を操っているコードの透明性と開放性の追求に完全に失敗してしまった。

今よりましな未来もありえた。今やコンピューター同士がつながっているのだから、たとえば、ゲームのコードの一行一行、デジタル画像の一枚一枚、一つひとつの音楽がどこから取られたものであるかを特定するコラボレーションツールを開発するという道もあった。誰がどれに関わったかを知るためだ。それがあれば、協同的プロジェクトに関与したすべての人が、自分の貢献度とそのゲームの人気に応じて収入を受け取ることができた。自分が作ったコードに誰かが手を加えるのを許しても、ビタ一文もらえないということはなくなるだろう。しかし、我々は可能性を追求しなかった。

BUMMERの葛藤

最初の大手BUMMER企業であるグーグル誕生の数年前、ヒッピーテッキーは情報関連のすべてのものをフリーにすべきだと強く主張していたが、彼らが愛した理想像はそれだけではなかった。

テッキーは、スティーブ・ジョブズのような英雄的起業家を心から崇拝していた。科学技術界のビジネスリーダーは、ハッカーの考えでは、自分たちほど頭は切れないかもしれないが、事業についての明確なビジョンをもつ人たちだった。我々ハッカーは、ジョブズのような起業家がリッチになることを好ましく思っていた。退屈な政府やお役所仕事的手続きによって設計された未来など一体誰が望むだろう？　スティーブ・ジョブズが生み出した光沢のあるなめらかなボディのコンピューターを見るがいい！

かくして葛藤が生まれた。すべてのものはフリーであるべきだが、我々の英雄である巨大テック企業の創業者のことも大好きなのだ。

たいへんな矛盾ではないか？　すべてはフリーであるべきだが、すべては英雄である起業家のものであるべきで、起業家はそれで大金を稼ぐ。相反するこの二つをどうすれば両立させられるのか？

時代が二十一世紀に移り変わろうとする時期に、この問題に関する大量の言い逃れやごまかしが生まれた。そして最終的に、この二つを両立させられる唯一の方法が見つかった。広告ビジネスモデルだ。広告を掲載することによって、検索や音楽のダウンロード、ニュースの購読を無料にすることが可能となる（しかしミュージシャンや記者が広告料の分け前に与れるわけではなかった。そういった人々にはいくらでも代わりがいるとテッキーは考えていたからだ）。広告産業は情報化時代の主要なビジネスとなるだろう、と考えられた。

最初は、それをディストピアだと感じる人はいなかった。当時グーグルが掲載していた広告は、可愛らしくて無害なものだった。しかし、インターネットやデバイス、そしてアルゴリズムが進化するにつれて、広告は必然的に大量行動修正装置へと変貌を遂げた。

こうしてBUMMERが誕生した。そしてよくあることだが、私たちは選択したのは自分だという事実を忘れてしまい、今や無力感にさいなまれている。しかし選択肢は残っていて、私たちはやり直すことができる。

BUMMERは目をくらませる

BUMMERのもっとも危険な点は、BUMMERが唯一の解決策だという幻想が世間に広まっていることだ。シリコンバレーの人間は、この世のすべてはテック関連の新興企業の力で破壊し／再生できると信じている。我々テッキーは医学や教育、輸送業、そして人の生死のサイクルさえも破壊することになるだろうが、その基本的な方法に関して、見落としている点がある。我々は、二人の人間のつながりから金を生み出す唯一の方法は、その人々を操縦するために金を支払う第三者から受け取ることだとずっと信じてきた。他に方法はないと思ってきたが、じつは自分たちがそう思い込んでいるだけだ。

BUMMERのビジネスモデルに特有の主張は、デジタルサービスを稼働させる方法は一つしかなく、それは個人的ユーザーであるあなたが、そのサービスに対して従属的にないることだ、というものだ。しかしこれは真実ではない。こうしたメッセージが広まっていることが、ソーシャルメディアをやめるべき主な理由の一つでもある。

BUMMERについてのこの思い込みは広く波及していて、BUMMERとは無関係なビジネスにも浸透している。人々は、ウーバーのようなアプリ――最新のテクノロジーを利用して、乗車を希望する人とドライバーを効率的に引き合わせる――を利用したければ、ウーバーを運営するのは一握りの人たちで、そのなかにはやがて不愉快な寡占資本家になる人もいるが、ドライバーは旧来のタクシードライバーより安全が保証されておらず、客は屈辱的なやり方で監視されなくてはならない、という現実を受け入れるのは当然のことだと考えてきた。今挙げたマイナス面を一つも受け入れなくても、ウーバーの恩恵を受けることはできる。それにもかかわらず、そんなふうに短絡的に考えてしまう唯一の理由は、私たちがBUMMERに操縦されているからだ。

これに代わりうる別の世界――今を生き延びるために、その世界を作り上げる必要がある――は、ウーバーなどのアプリが利用できて、同時に多くの人が尊厳ある安心な暮らしを享受できる、持続可能な社会的、経済的構造をもつ世界だ。

BUMMERが売っている主要な商品は、不合理で有害なものばかりだ。世の中を狂気じみたものにすることによって豊かな社会を作り上げることなどできない。そこから逃れる唯一の道は、ビジネスモデルを変更し、現行のＢＵＭＭＥＲ企業が別の方法で収益を上げられるようにすることだ。それは、クラウドサービスと人々のデバイスに頼るウーバーのようなＢＵＭＭＥＲとよく似た企業に、持続可能な品格あるビジネスモデルを採用する道を示すことにもつながるだろう。そしてそれは実現可能なのだ！

ＢＵＭＭＥＲよりましなビジネスモデル

一つ考えられるのは、検索サービスやソーシャルメディアの使用に対して直接料金を請求することだ。ユーザーは毎月少額の使用料を支払うことになるが、貢献度が高ければ——あなたが投稿した文章や動画、その他諸々の人気が高ければ——ユーザーであるあなたにもお金が入ってくる。このやり方を使うと、現在のシステムで収入を得ているのはスターとは名ばかりの限られた人たちだけであるのに比べて、非常に多くの人に金が入ることになる（もちろん、ごくわずかな使用料さえ支払えない人々もこうしたサービスを受けられるようにする必要がある）。

私がオンラインで収入を得る方法のことでとやかく言っているのは、こうしたシステムが、ＡＩや自動化を原因とする差し迫る雇用の喪失への対策となりうるからだ。いま問題にしているのは、いまだかつてないほどリッチな企業のいくつかを支える産業のことで、そのエンジンを稼働させているのは、君たちはもはや時代遅れになりかけている、ベーシック・インカム制度で公的支援を受けながら暮らさねばならなくなる、としょっちゅう聞かされている人々から取ったデータなのだ。巨大企業が存続できるのは人々から採取したデータがあればこそであるにもかかわらず、その人々に向かって君たちはもはや価値がないと告げることは到底正しいことではない。

一例として言語の翻訳について考えてみよう。たとえばそう、英語で書かれたメモやウェブサイトを中国語に自動翻訳できるのは素晴らしいことだ。しかしそのとき、見えないところでデジタルの脳が作動して翻訳を行なっているわけではない。

じつは自動翻訳を届けるためには、自分たちがデータを取られているとは知るよしもない現実の人々が使う何千万もの最新の言い回しの訳語を毎日のように収集する必要がある。どのように収集するのか？　膨大な数のバイリンガルの人たちが、ＢＵＭＭＥＲシステムの一部となってそれらの言い回しを翻訳し続けている。おそらく外国のＴＶ番組のことを友人に説明するために。何であれＢＵＭＭＥＲシステムであなたがすることはすべて、ＢＵＭＭＥＲ企業にとっては格好のデータ収集源なのだ。

別の言語に翻訳された大量の言い回しは、誰かが翻訳してほしがっている新しい言い回し、一致するかどうかを調べられ、一致したものに統計的マッシュアップが加えられて、別の言語でおおむね判読可能な文章に書き換えられる。言葉は生き物だから、新たな訳語の例は毎日収集されなくてはならない。新しいイベントやポップカルチャー、スラングは毎日のように生まれる。

こうしたテクノロジーが人の役に立っているのは喜ばしいことだが、喜ばしくないのは、元になるデータを提供している人たち――本物の、生物学的存在である、バイリンガルの人々――の立場が脅かされていることだ。翻訳を生業とする人々は仕事を失う可能性が高まっていて、それは過去に報道記者やレコーディング・ミュージシャン、写真家などに起きたこととそっくりだ。

我々は、実際にはまだ必要なのに、翻訳ができる人材はもう不要だというふりをしている。本当はそうではないのに、誰かにあなたの時代は終わったと告げるのはある種の罪ではないだろうか？

ＡＩと呼ばれるものを人に代わりうる存在だとは決して考えないほうがいい。現実の人と人をつなぐ、新種の重要な手段だと考えるべきだ。

ＢＵＭＭＥＲのビジネスモデルは、人々からこっそりデータを集め、それで儲けるというものだ。ＢＵＭＭＥＲ企業がいかに富を蓄えているかに目を向け、その富はあなたがたが差し出したデータのみによって築き上げられたものであることを思い出してほしい。私は、人々が望むものを生み出す企業はリッチになるべきだと考えているが、その望むものを手にするのと引き換えに、人々の立場がどんどん不安定になっていくのはおかしいと思う。資本主義はゼロサム・ゲームであってはならない。

ＢＵＭＭＥＲは経済的に持続可能ではなく、それはＢＵＭＭＥＲが不公平であることよりもさらに悪いことだ。金儲けのために社会を破壊するのは愚か者のやることで、シリコンバレーは愚かなまねをしている。

自動翻訳プログラムが現実の人々から集めたデータを必要としていることが明らかになれば、バイリンガルの人々はもっと役に立つ、よりよいデータを提供しようと考えるようになるかもしれない。人々はその正当な価値を認められ、対価を支払われ、尊重されていると感じるかもしれない。そうなったら翻訳サービスの質はもっと向上するかもしれない！　人間は役に立たなくなりつつあるという幻想は、人を過小評価するものであるだけでなく、ときに、想定されているＡＩプログラムの機能の低下にもつながる。その元データを改善しようと誰も思わなくなるからだ。

人間の価値を軽んじるＢＵＭＭＥＲの愚かさは、経済的な持続不可能性を超える問題だ。人間の尊厳の侵害だ。この点については、ＢＵＭＭＥＲの精神的な影響を取り上げた最終章〔理由10〕で掘り下げる。

BUMMERのビジネスモデルは、交換取引を基本としている。「監視させてくれたら、代わりにただでサービスを使わせてあげる」。これは短期的に見れば合理的な取引のようだが、長期的に考えると非常に危険だ。

あなたが受け取った無料のサービスは、あなたのような誰かが料金を受け取って提供していたかもしれないサービスが形を変えて提供されたものだ。ミュージシャンは、無料の販売促進効果を狙ってBUMMERを利用するが、家族をもてる――「安定」を図る妥当な基準だ――ほど儲かっている人の割合は、音楽が音盤で販売されていた時代よりも減っている。[註1] レコーディング・ミュージシャン、言語の翻訳に携わる人たち……その次は？

BUMMER時代以前は、人が担ってきた役割が新しい技術の出現で不要になると、前ほど身体を使わない別の役割が必ず生まれた。たとえば御者の代わりに運転手が必要とされるようになった。実際、テクノロジーによる破壊で新たに生じた人の役割は、以前の役割にくらべてより創造的で専門的であることが多かった。鉄工所の作業員に代わって登場したロボット開発者がそうだ。つまり、高い評価と経済的地位を手にする人がどんどん増えていった。

ところがBUMMERがこの流れを覆した。今では、あなたが自分の考えや独創性、あるいは専門知識を世の中に示すことは、遅かれ早かれ、ＢＵＭＭＥＲによってあなたの価値がクラウドサービス――おそらくいわゆるＡＩサービス――を通してばらまかれ、あなたのデータはまだ必要とされているにもかかわらず、あなたの経済的安定が脅かされることになるだろうことを意味している。たとえば芸術作品が、大量の本物のアーティストから盗んだデータをもとに自動的に創造されるかもしれない。いわゆるＡＩ芸術創造プログラムはすでに実際に称賛されている。あるいは、数えきれないほどの本物の看護師から盗み取ったデータをもとに看護ロボットが活躍するようになるかもしれず、ロボットと競合することになった本物の看護師はより安い報酬で働くことになるだろう。

誰も彼もがＢＵＭＭＥＲにデータを差し出すのは、ネットワーク効果によって人々がオンラインに依存し、抜け出せなくなっているからで、これは理由１で説明したとおりだ。ＢＵＭＭＥＲはどんなふうに人々を最低の人間にするかの章で、党派的なマインド・ゲームより価値のある、何らかの報酬システムを導入することによって、オンラインでの人間関係を品のあるものにできる可能性を指摘した。そして、ただの社会的な関わりではなく、経済的な関わりが人を礼儀正しく振る舞わせることを示す一例としてリンクトインを挙げた。

この仮説についてはさらなる検証が必要だが、人々が、自分のデータがオンラインの世界にもたらす価値に見合った料金を受け取れる新たな時代が来れば、世界は今ほど理解不能で暗いものにはならないだろう。

ここまでざっと説明してきた、ソーシャルメディアや検索エンジンなどの現行のBUMMERサービスに代わりうるビジネスモデルは、可能性の一つに過ぎない。他にも方法はあるだろう。この案は『Who Owns the Future?』と題する拙著で紹介したものだ。デジタル経済の未来へのこの提言は、近年「労働としてのデータ[註2]」という名で知られるようになった。

このDaL（労働としてのデータ）という考え方は、経済界において注目されていて、さらなる検討の価値があるのは間違いない。これも完璧もビジネスモデルとはならないだろうが、BUMMERよりはましだろう[註3]。

BUMMER企業はどうすべきか

BUMMER企業はBUMMER以外のビジネスモデルへの移行を恐れてはいけない。それは彼らのためにもなるはずだ！

私は、たとえばアンチグーグルではない。あそこにいる何人かとは意見の相違があるが。

かつて、私と友人は二人で立ち上げたスタートアップ企業をグーグルに売却し、発芽期を迎えた小さなグーグルの種の中で楽しい日々を過ごした経験をもっている。私は、グーグルの中の人々がみな嫌な人間になってしまったとは考えていない。ビジネスモデルに問題があるだけだ。

ＢＵＭＭＥＲのビジネスモデルは大きな収益を上げており、株主が黙っているはずはないから、グーグルやフェイスブックがこの先ビジネスモデルを変更することはないだろう、という意見をよく耳にする。私はそうは思わない。

ＢＵＭＭＥＲのビジネスモデルの問題点の一つは、そのビジネスモデルが石油国家にとっての原油のように必要不可欠なものとなっていることだ。ＢＵＭＭＥＲに依存している企業は、その活動――コストセンター〔原価計算上、その経費が個別に計上できる部門〕――は好きなように多角化できるが、プロフィットセンター〔企業の中核となる高収益部門〕は決して多角化できない。操縦的サービスの運営に必要なより多くのデータ収集のための無料のサービスを何よりも優先しなくてはならないからだ。ユーザーも依存しているが、巨大ＢＵＭＭＥＲ企業も依存している。

ＢＵＭＭＥＲはハイテク企業を脆弱にし、おかしな具合に停滞させてしまう。五大テック企業のうち、ＢＵＭＭＥＲのビジネスモデルに頼っているのは二社だけだ。アップル、アマゾン、マイクロソフトもみなＢＵＭＭＥＲを多用しているが、ＢＵＭＭＥＲなしでもうまくやっていける。この三つの企業についても、批判したい点や変えさせたい点があるかもしれないが、三社のＢＵＭＭＥＲの助長との関わりの程度は、文明の存続を脅かすものではない。

二つのテック企業、グーグルとフェイスブックのＢＵＭＭＥＲへの依存ぶりはひどいものだ。この二社は、別のタイプの事業を立ち上げるために巨額の投資を行なっているにもかかわらず、利益の圧倒的大部分をＢＵＭＭＥＲで得ている。規模の大小にかかわらず、収益を上げる方法が一つしかない会社は被害を受けやすい。遅かれ早かれ何らかの問題が起きて、ＢＵＭＭＥＲ企業は、どんなに大規模なものでも、簡単に崩れ落ちてしまうだろう。

そうであるならなぜ、ＢＵＭＭＥＲはテック企業にとってそれほど優れた長期的戦略なのか？　そうではないのだ。ＢＵＭＭＥＲは長期的展望をもたずに短期売買をしている。石油国家と同じだ。

私たちはＢＵＭＭＥＲ企業を潰そうとするのではなく、彼らにビジネスモデルを刷新するよう働きかけるべきだ。それは彼らのためでもある。

ユーザーはどうすべきか

今は無料のものに、そのうちお金を支払うことになると聞くと抵抗を感じるかもしれないが、忘れないでほしい、あなたもそれを使って利益を上げることができるのだ。それに、何かにその対価を支払うことが、すべての人にとってよりよい世界を作ることにつながる場合が実際にある。フリーでオープンな未来を唱導していたテッキーたちは、テレビや映画に料金を支払うなんてありえないことで、未来の文化はボランティアの精神で創造され、デジタル形式で配布されるべきで、その資金は当然広告収入で賄われることになる、と主張してきた。巨大BUMMER企業が創業された当時、シリコンバレーではこれはまさに宗教的な信念だった。それに反論するのは冒瀆的なことだった。

ところが、その後ネットフリックスやHBO〔米国の有料ケーブルテレビ局。質の高いドラマの製作で知られる〕がユーザーに月額使用料の支払いを承諾させ、その結果「テレビ全盛期」などと呼ばれる現象が起きている。使用料を支払う形の「ソーシャルメディア全盛期」や「検索エンジン全盛期」も来ないとは限らないではないか？

ネットフリックスやHBOの作品のエンドロールを眺めてみればいい。集中力を高めるよい練習にもなる！　スクリーン上を流れていく数々の名前を見てほしい。そこに名を連ねたスターではないすべての人々が、その映画の製作に関わる仕事で得た収入で自宅の家賃を支払っている。

BUMMERが支援するのはスターだけだ。もしもあなたが、たとえばインフルエンサー[註4]として、BUMMERを利用してそこそこの生活を維持しているごくごく少数の人々の一人なら、あなたがいるのは本当に狭い世界で、とても危なっかしい状態だということを知っておくべきだ。どうか、いざというときのための別の道を確保しておいてほしい。人の夢に水をさすつもりはないが、あなたがインフルエンサーなどの仕事で生計を立てられそうだと考えているなら、あなたがどれほど称賛に値する人間でも、そういう仕事でまたたく間にリッチになった人々の話をどれほど吹き込まれていても[註5]、その確率は極めて低い。スターになれるのは一握りの人間だけだ、と言いたいのではない。それはいつだってそうであり、当然のことだ。問題なのは、BUMMER経済が、スター未満の人々のための報酬が得られる役割をほとんど用意していないことだ。本物のディープエコノミー〔ビル・マッキベンが提唱する持続可能な経済。量より質を重視する〕にはたくさんの役割がある。プロのフットボール選手にはなれなくても、選手のマネージメントやスポーツメディア、その他の関連する仕事に就くことができる。けれども、スターインフルエンサーになれなかった人が収益を得られる仕事はないに等しい。万一に備えて別の道を確保しておこう。

ソーシャルメディア企業が、姿の見えない第三者ではなくユーザーから直接使用料を受け取るようになれば、企業はユーザーのために働くようになる。至極簡単な話だ。そこでは、自分が有害なプロパガンダを見るために料金を支払うことは可能だが、お金を払ってその毒を他の誰かに向けさせることはできなくなる。世界を破壊する願望が達成されることはない。

私は、使用料を支払って使えるようになり――さらに自分のデータを管理して、その使用料を明確に設定できるようになるまで、フェイスブックやグーグル、ツイッターのアカウントを取得しないつもりだ。私のデータに価値があるなら、それで収入を得るのはごく普通のことであり、簡単な話だ。そんな日が来るのはしばらく先のことかもしれないが、それを待つ価値はある。

理由9

ソーシャルメディアは政治を歪めるから

燃え上がる道[註1]

歴史を振り返れば、マーチン・ルーサー・キング・ジュニアの言葉どおり（一九六五年の血の日曜日後の演説からの引用）、道徳的な世界へと続く道のりは長く険しいものだったが、正義は少しずつ達成されてきた。奴隷が解放され、女性の選挙権が認められ、LGBTQの人々が市民権と人間としての尊厳を認められた。民主主義が少しずつ世界に広がってきた。

ところが近年、BUMMERの時代になって、その道は今にも崩れ落ちて燃え上がらんばかりになっている。その道を行こうとすると反発に合うだけでなく、想像を上回る大惨事に見舞われることになる。

ここ数年間に、トルコ、オーストリア、アメリカ、インド、その他の民主的な国々で、部族主義を煽って権力を握った独裁主義的なリーダーが選挙で選ばれている。そしてそのすべてにBUMMERが重要な役割を果たした。私は、今の時代が、より民主主義的な世界に向かって滞りなく進む過程に生じた一時的な不具合だったと、後世に記憶されるようなものであって欲しいと心から願っている。

しかし今現在、私たちは、ふいに訪れた恐ろしい危機に直面している。BUMMER時代以前は、いったん民主化された国は、そのまま変わらないだけでなく、より民主主義的になっていくものだと考えられていた。国民もそれを望むはずだからだ。

ところが残念なことに、そうではなくなった。それもごく最近になって、何かが若者の民主主義離れを推し進めている。[註2] ソーシャルメディア企業の手前味噌の希望的観測とは裏腹に、民主主義が力を失っていくにつれて、オンラインの世界が欺瞞に満ちた醜悪なものとなってきたように見える。

この傾向は発展途上国ではより顕著であるかもしれない。携帯電話でテキストメッセージを送る、といったごく簡単な情報テクノロジーを利用できるようになったことが、おそらくここ数十年間の、世界中の絶望的な貧困状況の驚異的な緩和につながってきた。ところが近年の商業的なソーシャルメディアの登場によって、携帯電話は異常な社会的暴力の普及者へと一変してしまった。

世界最大の人権危機の一つ——本書を執筆している今まさに起きている——はミャンマーの少数民族ロヒンギャの惨状だ。そしてこの危機はフェイスブックの到来と同時に始まったことがわかっている。フェイスブックは、またたく間にロヒンギャ族を攻撃対象とするシットポストであふれ返った。[註3] 同じ頃、インドのある地域でも、子どもの誘拐についての偽の情報が、その大部分はフェイスブックのワッツアップを介して感染的に広まった。[註4]

国連の報告書によると、南スーダンでもソーシャルメディアは文字通り殺傷力の高い凶器

となっている――シットポストのせいで。[註5]

ソーシャルメディアのニュースフィードには、気味の悪い悪事についての誰が書いたわからない暴露記事があふれている――それは血の中傷〔ユダヤ人は過ぎ越し祝いにキリスト教徒の子どもの血を飲む、という偏見に基づく、ユダヤ人迫害を扇動する中傷〕に似ていて、ターゲットとなった集団が犯人とされる。大量虐殺を扇動するミームは、子どもに対してなされたとされる恐ろしい犯罪を暴露する内容のものが多い。そしてＢＵＭＭＥＲがいつもそうであるように、もっとも不快で、もっとも不安を掻き立てるメッセージほど、人々の注目を集めやすく、際限なくエンゲージメントを高められた人々は、感情のコントロールがきかなくなる。

いま挙げたどの地域にも昔から問題はあった。歴史を振り返れば、悪質で奇妙な、頭のおかしい政治家は大勢いる。集団ヒステリーや誤解した暴徒による暴力行為も多かった。そして多くの国が崩壊した。だとすれば、いま起きていることは本当に例外的なことなのか？

それを見極められるのは、未来の歴史家だけだろう。私には、この世界の何かがより邪悪で陰鬱なものに変わってしまったように見え、それもごく最近のＢＵＭＭＥＲの到来以降のことのように思える。これは先例のない脅威ではないが――先例はある――私たちはより良い方向へと向かうはずの道を逆走し始めた。私たちは突然、ひどく後退し始めた。

ソーシャルメディアの政治利用はたいてい次のように進む。まず、高学歴のヒップな若者がソーシャルメディア・プラットフォームに夢中になる。なぜなら、それらはヒップで若い高学歴の若者から生まれたものだからだ。彼らは理想主義的な若者だ。リベラル、保守、あらゆる立場を取りうる。彼らは世の中がよくなることを心から望んでいる。この集団には、BUMMERプラットフォームを開発したテッキーも、それを使う一般の人々も含まれる。

最初はうまくいく。ときに驚異的な、うっとりするほどの成功を収めるが、やがて魔法でもかけられたかのように、世界は不愉快なものへと変貌していく。BUMMERは結局のところ、最初にソーシャルメディアを使い始めたヒップで若い、高学歴の理想主義者ではなく、口やかましい最低の人間や口達者な詐欺師を勢いづけることになる。なぜなら長い目で見れば、BUMMERはどんな目的よりも、ひそかに行われる悪意ある操縦に適しているからだ。

BUMMERは最初にソーシャルメディアを使い始めた理想主義者を観察し、その特性ごとに分類する。そこに悪意ある計画は存在しない。しかし結果的に、分類された理想主義者の中から、シットポストを送りつけることによって今より少し苛立たせ、自分と似ていない人とのコミュニケーション能力を少し減らし、そのせいでより孤立させ、穏健主義の、あるいは現実的な政策に我慢ならなくさせることが統計的に可能な人々を、意図せずして選び出せるようになった。

ＢＵＭＭＥＲは政治を歪め、数えきれないほどの人を傷つけるが、その傷つけられた人の大半がＢＵＭＭＥＲに依存しているため、彼らはＢＵＭＭＥＲを賛美することしかできない。ＢＵＭＭＥＲがもたらした窮状について嘆くためにＢＵＭＭＥＲを使えるからだ。これは、人質が犯人に同情を寄せるようになるストックホルム症候群や、目に見えないループでがんじがらめにされ、虐待的関係から逃れられなくなる人に似ている。最初にＢＵＭＭＥＲプラットフォームを使い始めた心優しいあの理想主義者は損害を被り、それでもずっと、ＢＵＭＭＥＲに押しつけられた感情や、そのおかげで手に入れたつながりのことで、ＢＵＭＭＥＲをありがたがっている。

アラブの春

アラブの春は、シリコンバレーの人間が心の底から自己満足に浸れた出来事だった。当時我々はそれを自分たちの手柄だと考えていた。「フェイスブック革命」や「ツイッター革命」という言葉が盛んに使われていた。[註6]

我々は、大型スクリーンの前に集まり、カイロのタハリール広場で子どもたちが独裁政権と対決する様子を見て喜んでいた。普通の市民がソーシャルメディアを使ってＮＡＴＯ軍に空爆のターゲットを教えたと知って浮かれ騒いだ。ソーシャルメディアは、普通のソーシャルメディア・ユーザーの指先を現代の軍隊に変えた。

革命は過去にもあったが、このときはそれまでとは何かが違っていた。

たとえばカリスマ性のある指導者などいなかった。ジョージ・ワシントンもウラジミール・レーニンもいない。これこそまさに人民による革命だ、と我々は考えた。側で見守る部下たちを尻目に、大きなテーブルに広げた地図の上で額を突き合わせて画策する将軍たちもいなかった。統一宣言も一般協定も、革命後の国家についての特別な議論さえもなかった。「民主主義」という言葉が安易に飛び交い、しかしその意味が話し合われることはほとんどなかった。民主主義は、オンラインの集合的エネルギーが世界をより良いものにするはずだという浅薄な信念と混同されていた。草の根的革命が悪いものであるはずがない、これこそネットワークについての我々の信念の結実だ、とシリコンバレーの人間は考えた。

しかし私にはそこまでの確信はなかった。「この子たちはこの先どこから仕事をもらうんだろうね？」とか、皮肉めかして「ツイッターやフェイスブックにこの子たちを雇う気があるのかね？」と私が言うと、友人たちの何人かは腹を立てた。私はまた、革命はそれを成し遂げた人たちのもので、そこにシリコンバレーの企業ブランドをもち込むのは間違っているとの苦言も呈した。

結局、誰も彼らに仕事を与えられず、実際、その後エジプトで権力を握ることが認められたのは、過激な神権政治家〔ムバラク大統領失脚後、選挙で選出されたムスリム同胞団出身のムルシ大統領のこと〕だけで、その後彼も軍のクーデターで失脚。民主化を求めて立ち上がった意気盛んな若者で人並みの仕事を得ることができたものはほとんどいなかった。

このときソーシャルメディアが行い、そしていつもやっていることは、幻想を創り出すことだった。それは、願えばそれだけで社会を改善することができる。もっとも良識ある人間が激しい競争に打ち勝てる。物質的幸福は、何もしなくても実現する、という幻想だ。現実には、幻想はいつも打ち砕かれて、しかし時すでに遅く、世界はもっとも無作法でもっとも自己中心的な、もっとも見識に欠ける人々によって受け継がれる。下劣ではない人が誰よりも傷つけられる。

私が懐疑的だったのにはそんな理由があったのだが、蓋を開けてみると、まったく疑い足りなかったことがわかった。その後起きたことと、テック企業のブランドを結びつけたいと考える人など誰もいない。

過去にも革命に対する反発や革命の乗っ取り、革命の失敗、恐怖政治、その他のさまざまな機能不全はあった。けれども、このときは何かが違っていた。

ネットワークを利用した虚無主義的テロ行為が世界の隅々にまで広まったのだ。[註7] 若者はシリコンバレーの企業から送りつけられた非常に恐ろしい、残虐な動画を日常的に見るようになり、それはポルノと同じくらいの影響力をもっていた。子どもたちは残虐行為に夢中になった。こういうことは昔からよくあったが、かつてはそれは組織化されたものだった。歴史に残る数多くの大量殺人現場はギャングの手によるものだったが、今や、一人ひとりが「自分で過激化」していた。

くだらない幻想に取り憑《つ》かれ、不確かな憤りにまみれ、でっち上げられた世界を闊歩する孤独な男性による犯罪が日常化した。

けれども、ソーシャルメディアは社会をより良いものにするツールだ、というシリコンバレーの信念は少しも揺るがなかった。その信念は私の中にも依然として生きている。本書をまさに執筆中の二〇一八年の元旦、イラン政権は国のあちこちで勃発する抗議活動を抑えるためにソーシャルメディアの使用を禁止している。私は心の中でこう叫ぶ。「大丈夫！　オンラインテクノロジーが人々の結束を助け、賢い彼らは自分たちの動きを阻もうとする政権の企てをうまくかわせるだろう」

私は希望を捨てたくない。シリコンバレーの人間はみなそう思っている。しかしこれまでの経過はあまり希望がもてるものではない。

ゲーマーゲート事件

ゲーミングコニュニティで女性たちが活発に発言し始めたとき、私は心強く感じた。ゲームの世界には素晴らしい点がたくさんあるが、その潜在的な力をまだ十分に発揮できていない。ビデオゲームはより複雑な問題について学び話し合うための新しい方法となるべきだ。少しはそうなりつつあるが、売れ筋の製品は、同じ購買層をターゲットとするものになりやすい。銃を手に入れ、戦場を進み、誰かを銃撃する。そればかりだ。ゲーム産業はその実力をもっと発揮するべきだ。

ゲームの世界をそんなふうに拡げていくべきだと考えたゲーム開発者たちは、ソーシャルメディアを自分たちの考えを伝える場として利用し、広範囲にわたる活気ある活動を生み出した。その開発者らが注目を浴びると、ゲーミングコミュニティの雰囲気が少し変わった。意見を述べた開発者の多くが女性だったのだ。

そのあと起きたのは、アラブの春の富裕な世界版だった。女性開発者らへの反応は、事の内容に不釣り合いな、極端で、驚くほど悪意に満ちたものだった。
ゲーム開発について意見を述べた女性たちは意地の悪い攻撃を受け、恐ろしいことに、やがてそうした攻撃が当たり前のように行われるようになった。本人や家族が殺害されたりレイプされたとする偽画像がオンラインにあふれた。[註8] 個人情報がさらされ身を隠さざるを得なくなった女性たちもいた。[註9]
ゲームの世界で批評的に語る人間を潰そうとするこうした行動は「ゲーマーゲート」と呼ばれた。この行動を支持する人と話し合うことは不可能だ。なぜなら、彼らは陰謀論と馬鹿げた議論が生い茂る別世界に住んでいて、最高にくだらない幻想に突き動かされ、危険な怒りをたぎらせているから。
このゲーマーゲート事件に触発されてオルタナ右翼となっていった者も多かった。[註10]

ＬＧＢＴＱ

二〇一六年のアメリカ大統領選の前の数年間に、ＬＧＢＴＱを巡る法律に変化が生じ始めた。同性婚が合法化され、カミングアウトして周囲に受け入れられるトランスジェンダーの人が増えた。ソーシャルメディアが一定の役割を果たしたのは間違いなかった。

しかしそれは、ＢＵＭＭＥＲの荒廃の第一段階に過ぎなかった。あれはＢＵＭＭＥＲのハネムーンだった。善意の人々が、かつてないほど簡単に試合の第一ラウンドを勝利し、望めば社会をいかようにも改善できると思えた。

当時のことを、ヘロインでハイになったときのようだった、と言う人もいた。信じられないほど簡単に、あっという間にエクスタシーが訪れ、しかし必ずその後に激しい落ち込みが待ち受けている。

ＢＵＭＭＥＲの策略の第二段階は、最低の人間たちに自分たちはＢＵＭＭＥＲに好かれていると気づかせることだ。すると、あらゆる種類の最低の人間が表舞台に出てくる。そして、最初に勝利を収めた善意の人々をはるかに超える注目を集めるようになる。彼らは、長い間、表立って示されることのなかったひどい偏見や憎悪を掘り起こし、そうした憎悪を世の中の大勢にしてしまう。

その後、より大きな権力をもつ最低の人間たちが、新しいもの好きの最低の人間たちを操縦していることが明らかになる。こうして、憂うべき重大な出来事が次々と起こり始める。おぞましい下劣な大物たちがあちこちで選挙で選ばれ、愚かな外国人嫌いの政策が採用され、一般の人々は、不必要な、ひどい物的損害を被り、戦争の危険が迫ってくる。

アメリカでは、選挙期間中はＬＧＢＴＱの尊厳や権利についての問題が俎上に上がるこ

とはなかったにもかかわらず、驚くほど過激なＬＧＢＴＱ嫌いの人物が政府の最上層部に起用された。[註11]

ＢＵＭＭＥＲがＬＧＢＴＱの人々を疎《うと》んじているわけではない。ＢＵＭＭＥＲにとっては、そんなことはどうでもいいことだ。ＢＵＭＭＥＲはただ詐欺師や最低の人間が好きなだけだ。彼らは部品ＡとＦで、ＢＵＭＭＥＲを作動させる力なのだ。

左でも右でもなく、下へ

ＢＵＭＭＥＲはリベラルでも保守でもない。根拠のない恐怖や怒り、そして最低の人間が好みなだけだ。

前にも言ったが、ＢＵＭＭＥＲは元からそんなふうなのではない。初めは、人のいい新しいもの好きの人々がＢＵＭＭＥＲで盛り上がっているように見える。ところが、その人のいい彼らが分類され、アルゴリズムによる操縦の準備が整うと、今度は最低の人間たちがその場を支配するようになる。

私自身はリベラルだが、それはどうでもいいことだ。もしもあなたが穏健な保守主義者なら、ＢＵＭＭＥＲは本当に自分の役に立ってきたと思えるだろうか？　私の友人で、キリスト教福音派の保守的な人々は、気がついたときには、ギャンブルと破産手続きによって巨万の富を手にした、不道徳で冷酷な女たらしで虐待者の、神の許しを乞うつもりはないし、その必要もないと公言する候補者を支持する[註12]するソーシャルメディア・コミュニティに押し込められていた。一方、愛国心の強いタカ派の保守である友人は、敵対的な海外の権力による不法で利己的な介入がなければ、ほぼ間違いなく大統領執務室に座っていないはずのリーダーの味方に位置づけられていることに気づいた。さて、あなたの保守主義はBUMMERによってどんなふうに処理されているだろうか。

同様のことがリベラルな人々にも起きている。バーニー・サンダーズの熱烈な支持者集団のことを覚えているだろうか？　一部のリベラルな集団内で、ヒラリーに冷酷な嘲笑を浴びせる行為が、まるで宗教か何かのように流行していったことを？　BUMMERの時代になって、自然な出来事と仕組まれた出来事の見分けがつかなくなった。[註13]

アメリカの政治において、BUMMERが民主党より共和党を好んだのは偶然だが、BUMMERが誰よりも権威主義的で苛立ちやすい、被害妄想的で部族主義的な共和党支持者を好んだのは偶然ではない。[註14]いま挙げた特性は左派の人々も同様にもちうるものだ。もしもアメリカにウゴ・チャベス〔極左のペレス政権打倒に失敗して投獄されるも、一九九七の大統領選で当選し、クーデターで辞任後二日で復帰したブラジル大統領。左派〕のような人物がいたなら、大統領になっていることだろう。将来そんなことが起きないとも限らない。それもうんざりだが。

　私は左派だが、ＢＵＭＭＥＲが生み出す左派のリーダーがトランプよりましだろうとは思わない。右であれ左であれ、ＢＵＭＭＥＲから生まれたものが下劣であることに変わりはない。

「騒ぎを起こす」候補者がフェイスブックに好まれやすいことはよく知られているが、その詳細については不透明なままだ。候補者やその他の顧客がフェイスブックのユーザーの注目を集めるためにアクセスを買う場合、購入できるアクセス数は、支払額だけではなく、フェイスブックの宣伝とユーザー拡大への顧客自身の貢献度についてのアルゴリズムが下す評価によって決まる。大統領選でのトランプ陣営のソーシャルメディア戦略に関わった人物は、[註15]トランプは一定の支払額に対して、クリントン陣営の百倍のアクセス数を獲得したと証言したが、[註16]フェイスブックはそれを否定し、しかしその根拠を明らかにしなかった。[註17]もしも貢献度に応じた倍増が実際にあったのなら、直接アクセスを購入したトランプだけでなく、やはりフェイスブックからアクセスを買ったロシアの情報機関や、その他のトランプ支持集団にもそれは適用されたことだろう。アルゴリズムにはそれを区別する力はないし、区別しない。

　大統領選の翌年に、フェイスブックはトランプ陣営とクリントン陣営の両方に、選挙戦でフェイスブックを最大限活用するための現場チームの派遣を打診していたが、依頼したのはトランプ陣営だけだった、[註18]という興味深い事実が明らかになった。おそらく、クリトンが事務所にフェイスブックの社員を入れることに同意していれば、彼女が勝利を収めていたことだろう。選挙はかなりの接戦だったから、結果を示す針をほんの少しクリントンのほうに動かすちょっとしたきっかけさえあれば、結果を覆すことはできたのだ。

フェイスブックを始めとするBUMMER企業は、人の注目をめぐるランサムウェア〔データを勝手に暗号化し、解読鍵と引き換えに金の支払いや物品の購入を要求するウィルス〕となりつつある。日常のほとんどの時間にわたり、非常に多くの人々の注目を一手に支配する彼らは、人々の脳の情報管理者だ。

今の状況は、中世の免償の習わしを思い出させる。当時のカトリック教会は、魂が天国に行くために金銭的支払いを要求することがあったのだ。免償の習慣は、カトリックから分裂したプロテスタントの人々が不満に感じていたものの一つだ。フェイスブックは「金を支払え、さもなければこの世界で生きられないぞ」と脅しているようなものだ。

フェイスブックは、人間の存在を脅かすマフィアになりかけている。

黒人の命も大切だ

アメリカで、武器をもたない黒人市民が警察官によって殺害されるというおぞましい事件が続いたあと、事件に同情的なソーシャルメディア・ユーザーの最初の反応は、そのほとんどが賢明で冷静な、建設的なものだった。ソーシャルメディアがなければ、それらの殺人事件の話を耳にすることさえなく、同様の事件がいかに社会に蔓延しているかも知りえなかったかもしれない、と言うべきだろう。

最初、ソーシャルメディアは世界的な共同体意識を生み出した。私自身、「黒人の命も大切だ」というスローガンにはじめて接したときには、とてもよく考えられた、賢明なスローガンだと感心した。誰かを罵るわけでも、強く非難するわけでもない。ただ思い出させるだけ。私たちの子どもも大切なのだ、と。私と同じ印象を受けた人は多かったのではないかと思う。その人たちの多くが、それほど時間がたたないうちに、同じスローガンを嘲るようになっていったのだが。

「黒人の命も大切だ」は、ＢＵＭＭＥＲを利用した政治活動のまさにハネムーン時期に現れて、注目を集め、そしていつもそうであるように、初期のＢＵＭＭＥＲは価値のある希望に満ちたものに見えた。ＢＵＭＭＥＲは黒人活動家に、人々に影響を与えるための新たな手段と力を与えた。もちろんBUMMER企業にはより多くの金と権力が集まったが、大勢の新たなBUMMERユーザーが改革に必要な力を付与されたのだから、ウィンウィンではないか？　と思われた。

しかしこのハネムーン期間中に、舞台裏でより深刻で影響力の大きいパワーゲームの準備が整えられつつあった。このもっとも重大なゲームは見えないところで、世界のあちこちにある秘密の巨大なデータセンター内のアルゴリズムマシンの中で、始まっていた。

黒人の権利擁護を求める活動家とそのシンパは注意深く分類され、その特性が調べられた。どんな言葉に刺激されたか？　どんなことに苛立ったか？　どんな種類の些細なことや、逸話、動画、その他諸々が、彼らのBUMMERへの依存を深めたか？　彼らの自意識過剰気味の怒りを駆り立てて、社会から徐々に孤立させるために何が効果的だったか？何が彼らを、行動修正を目的とするメッセージの格好のターゲットへと変えていったか？こうした検証の目的は、黒人の権利擁護活動の抑圧ではなく、金儲けだった。この検証は自動で、機械的に、淡々と、冷酷に行われた。

その一方で、これもまた自動的に、黒人の権利擁護活動は、他の集団の心を奪い、苛立たせ、立ちすくませさえする影響力の有無について検証され、さらにはその集団も自動的に分類され、刺激を与えられ、検証された。以前は目に見えない存在で、結束することも、力を与えられることもなかった一部の潜在的な白人至上主義者や人種差別主義者らが、無差別に、機械的に発見されていった。当初は自動的な、まだわからない経済的利益のための惰性的な作業だったが――それも、最初にBUMMERに依存する一部の黒人の権利擁護運動を盛り上げ、それをいかにして人々への刺激剤にするかをアルゴリズムで検証しておかなければできなかったことだった。

BUMMERは人々の分類を徐々に進め、本来の特性を発揮して最低の人間を増やし、やがてやって来るはずの、ロシアをはじめとするあらゆる顧客に備えた。実際に顧客となったロシアは、注目を集めるのに有効であると検証されたメッセージをどの集団に送りつけるかを「広告主」が決定するためのユーザーインターフェースに、大いに助けられた。ロシアの情報機関がやるべきことは、BUMMERにとってはお手のものの仕事に対して、金を支払うことだけだった。

「黒人の命も大切だ」は次第に、助けを求める声としてではなく、嘲笑の対象として、また嘲笑を誘発する刺激として注目されるようになっていった。どのようなメッセージも、その破壊者がアルゴリズムの力を借りれば、一定の集団を扇動するものに作り変えられうる。部品FとAは固く結びついている。

その間にも、人種差別主義はBUMMERによってかつてないほど組織化されていった。

この辛い事実を知らずにすめばどんなによかっただろう、と私も思う。ＢＵＭＭＥＲ環境においてユーザー対ユーザーレベルで行われていることは、人々がＢＵＭＭＥＲに操縦されているというより大きな事実から目をそむけているかぎり、とても素晴らしいものに見える。人々がＢＵＭＭＥＲについて直接知っていることだけを見れば、ＢＵＭＭＥＲは素晴らしいと思えることが多い。

黒人の権利擁護を訴えるツイッターはその格好の一例だ。ブラックツイッターはすぐれた手段であり、記録でもある。驚くほど創意にあふれ、表現力に富んでいる。そして離れ業を成し遂げる。たとえば、「ＮＦＬの跪《ひざまず》きスキャンダル〔人種差別や警察官による暴行への抗議としてグランドに跪いたプロフットボール選手たちを首にすべきだとのトランプ大統領のツイートに対して、抗議活動が次々と生じた〕」のときもブラックツイッターはトランプをやっつけた。その一方で、ツイッターユーザーが及び知らないところでは、ブラックツイッターを呑み込み、その力を奪おうとする動きが広まっている。

私はブラックツイッターを褒め讃えたいと思う。とてもいいものだからだ。しかしまた、それが冷酷な罠ともなることを指摘しておかなくてはならない。将来、ブラックツイッターによく似てはいるが、ＢＵＭＭＥＲに頼らない、操縦目的で人々をひそかに観察する基本設計がなされていないものが現れてほしいと願っている。

これまで述べてきたことが全部間違いであってほしいと思うが、今のところＢＵＭＭＥＲは、その内実が明らかになるにつれて、ますます悪いものに見えてきている。大統領選の翌年になって、真実が少しずつ明らかになってきた。著名な「黒人」活動家のアカウントのいくつかが、実はロシアの情報戦争のためのフェイクアカウントだったことが明らかになった。部品Ｆだ。ロシアの目的が、黒人の権利擁護運動活動家たちを苛立たせ、ヒラリーに投票する気をなくさせることだったのは間違いない。つまり、投票数を統計学的に抑えることが狙いだったのだ。

これは、ロシアが何らかの明確で確実な方法を使って、人々に思想を吹き込んだという意味ではない。また、ロシアの作戦のターゲットとなった人々が、他の人に比べて思慮深さや知性、意志の強さにおいて劣っていたという意味でもない。実際に起きたことの大半は、おそらく嘲りや軽蔑的な態度、そして絶望感の「赤線引き的」な扇動だった（「赤線引き」とは、アメリカの金融機関が長年にわたり、偏見に満ちたアルゴリズムを用いて信用度を査定し、黒人居住地域への貸付拒否をしてきたことを指す）。私は、ヒラリー批判には根拠がないと言っているのでも、有権者が無知だったと言っているのでもない。有権者感情がほんの少し操縦され、それは投票率を引き下げる十分な効果をもっていたということだ。

フェイスブックが、自分たちには投票率を変える力があると証明する調査報告書をすでに鳴り物入りで公表していることを忘れてはいけない。公表された調査結果には、投票率を上げるプラスの効果が例示されていた[註19]。しかし、フェイスブックの主要な仕事はターゲティングであるから、アルゴリズムを用いてあなたの政治的支持傾向を割り出すことができ[註20]、さらにフェイスブックに人々を悲しませる力があることも実証済みだから[註21]、ソーシャル・ネットワークを使って、特定の誰かに投票しそうな人に狙いを定め、その人たちを投票に行かせないことも可能だろう。

といっても、フェイスブックが有権者を選り好みしているわけではない。選んでいるのはフェイスブックの顧客だ。顧客といってもあなたがたユーザーではないが。フェイスブックは、顧客によって何が行われているかを必ずしも知る必要はない。ソーシャルメディア企業は、何が起きているか知らないほうが安全だ。そうすれば大金は入るが責任は負わずに済むからだ。

有権者の選挙行動を抑制もしくは活性化するために、どの選挙戦でアルゴリズムによるどのような検証が行われ、何がわかったかを、私たちは決して知ることができない。もしかすると、明らかになったのは、見出しの中のある言葉、あるいはある著名人についてのニュースの直後に配信された何らかの広告が、誰かを苛立たせる可能性を高めるが、ただしそれは、その人がある車種を好む場合に限られる、ということなのかもしれない。

私たちに推測できるのは、統計的に決定された計画が、その効果を最適化するために継続的に適用されたということだけだ。

ＢＵＭＭＥＲもロシアの情報機関も、黒人の権利擁護運動に、肯定的にであれ否定的にであれ、関心をもっている必要はなかった（たまたま、ＢＵＭＭＥＲ企業で働く人はリベラルが多く、おそらく黒人の権利擁護運動にはとても共感的だと思われるが、大量操縦のビジネスモデルを遵守しているかぎり、彼らが世界に与える影響は彼らの思いとはまったく違っている）。ＢＵＭＭＥＲは人々が苛立ち、妄想に取り憑かれ、分断され、怒っているときにより多くの金を生む――そしてそれがロシアの利害とぴったり一致した。ＢＵＭＭＥＲは最低の機械だ。誠実な組織を冷笑的な分裂へと導く。ＢＵＭＭＥＲの本質は冷酷な信用詐欺師なのだ。

黒人活動家が、ＢＵＭＭＥＲ上での即時的なやりとりに満足を感じるのは当然だ。そこには本物の魅力と奥深さがある。舞台裏で行われている別のゲームが、目に見えているゲームを無価値なものにすることはない。事態をよく観察し、長期的な影響を理解したときはじめて、全体を見ることの重要性がわかるのだ。

活動家は、自分たちのメッセージが広まることに満足を感じるかもしれないが、黒人活動家が政治的、実利的に、そしてＢＵＭＭＥＲの外の世界で重要な意味をもつあらゆる面で、激しく不利な状況に陥ってしまったのは明らかだ。

そしていつものように、アルゴリズムが引き起こした大惨事のあと、裏切られ、ないがしろにされて利用された多くの人々は、BUMMERを賛美することしかできない。

二〇一六年のアメリカ大統領選で使われた部品Fの一例は、「Blacktivist」と称する、実際にはロシアが運営するソーシャルメディア・アカウントだ。大統領選挙の翌年、Blacktivistを操っていた影の権力の存在が明らかになると、記者たちは本物の黒人活動家にそのことについてどう考えるか尋ねた。[註22] 幸いそのうちの何人かには、まだ憤る力が残っていた。記事によると、ある活動家は「彼らは我々の痛みを利用した。本当にむかつく」と言ったという。これは見識のある当然の感想であり、勇気ある言葉だ。自分が騙されたと認めることはそれほど簡単ではないからだ。

人は自分を正当化しがちだ。たとえば、ある人権弁護士は、同じインタビューに対して「説明義務や正義に益するイベントを誰かが企画してくれるなら、それが誰であり、そこにどんな動機があるのかは本当にどうでもいいことです」と答えている。これは、慣れ親しんだ経験の枠を超えて、より広い視野に立ってそこで展開されているBUMMERのゲームを見ようとしない人にありがちな正当化の例だ。

結局のところ、BUMMERによる利益追求は、黒人の人権擁護を求めるソーシャルメディアを、有権者の投票意欲をそぐために最適化された新たなツールに、意図せずして変えてしまった。まるで、既存の有権者抑制ツールでは不十分であるかのように。ゲリマンダー〔自党を有利にするために選挙区を改変する行為〕や、不便な場所への投票所の設置、偏った選挙人登録ルールではまだ足りないかのように。

ヒラリーに投票する可能性のあった人々の多くが、ヒラリーなんて、あるいは選挙そのものも、どうでもいいと思わせられた。あなたもその一人だったのだろうか？　もしもそうなら、当時を思い出してほしい。選挙前に、あなた用に作られたニュースを目にしなかっただろうか？　ツイッターやフェイスブックを使っていた？　オンライン検索ばかりしていなかっただろうか？

あなたはハイになっていた。あなたは騙されていたのだ。良かれと思ってやったことが、裏目に出てしまったのだ。

このゲームが終わればいいのだが

今の世の中の雰囲気――侮蔑的な言葉と嘘があふれる地獄――が当たり前のように見えてきている[註23]としても、昔は本当にこんなふうではなかった。この混乱の中で成長していく若者が、世の中はこんなものだと思い込んでしまうことを心配している。

本書を執筆している最中にも、#metooで知られる新たな社会運動が起こり、女性へのセクシャルハラスメントの撲滅を訴えている。BUMMERのアルゴリズムは、私がこの文をタイプしている今この瞬間も、#metooのすべての情報を貪り食い続けている。それは今後どんなふうに、どこかの最低な人間が他の誰かを苛立たせるための刺激剤に変えられるのだろう？　すべての人をオンラインの世界により依存させ、より操りやすくするために？　活動家たちは、この先どんな手口で扇動され、共感力を失っていくのか？　情報を漁り／トロールとなって、世界を崩壊させる方法を模索する操縦者／広告主は、その先にどんな景色を見ることになるのだろう？[註24]

理由10

ソーシャルメディアは あなたの心を嫌っているから

形而上学的な喩え《メタファー》

ここまでの九つの章では、人の内面や、人と人との関係を、ＢＵＭＭＥＲが複雑なやり方でどんなふうに破壊してきたかを明らかにしてきた。

復習しておこう。他の人が自分のニュースフィードで何を見ているか知らないせいで、他者に対するあなたの理解力は低下しているが、その逆もまた真実だ。他者から共感を示されても、自分の言葉がどんな文脈で相手に理解されるかわからないから、素直に受け入れることができない。おそらくあなたは以前より最低な人間になっているが、より寂しい人間にもなっている。これもまた、ＢＵＭＭＥＲによる破壊の両面性だ。この世界で何が起きているかを知り、また真実を知るあなたの能力は低下する一方だが、世間のほうもあなたを理解する能力を失いつつある。政治は真実味のない恐ろしいものになり、経済も真実味のない持続不可能なものとなった。これもまた一枚のコインの表裏だ。

これらの表裏をなす事象が、人類が置かれている状況を複雑に変化させている。この変化は包括的なものなので、ソーシャルメディア・アカウントを削除すべき理由の説明のために用いたメタファーが本当に核心をついたものであったかどうかを、ここでもう一度初めから検討し直す必要がある。最初の理由として挙げたのは、ＢＵＭＭＥＲユーザーが行動修正装置に依存している、というものだった。これは、ＢＵＭＭＥＲ開発者の何人かが、自分たちの後悔を語るために選んだ表現で、それですべてが説明できる。とても便利だ。しかし本当に適切な喩えなのだろうか？

　行動修正用の檻《おり》で操縦できるのは、一度に一匹だけだ。しかし、社会全体がまとめて操縦されている今、より大きな説明の枠組みを探す必要がある。選択肢はそれほど多くない。もっともわかりやすいのはおそらく宗教だ。

　これまで挙げてきたソーシャルメディアのアカウントを削除すべき理由は、真実が歪められるなど、どれも一見現実的なものに見えるが、どの理由も、じっくり考えてみると「人間とは何か」という、より深くより扱いの難しい問題に突き当たることになる。

　ＢＵＭＭＥＲを使うとき、あなたは暗黙のうちに新たな宗教的枠組みを受け入れている。これはＥＵＬＡ――あなたが読みもせずにＯＫをクリックするソフトウェア利用許諾契約と似ている。あなたは自分の心との関わり方に関する本質的な何かを変えることに同意してしまった。あなたがＢＵＭＭＥＲを使っているなら、統計的に言ってではあるが、おそらくある程度は、自分の宗教だと考えているものを事実上放棄してきたはずだ。たとえそれが無神論であっても。あなたは新しい宗教的枠組みに導き入れられたのだ。

　奇をてらっているわけでも誇張しているわけでもない。私はただ、何が起きているかを明らかにしたいだけだ。

四つの理由の精神的側面

ソーシャルメディアのアカウントを削除すべき理由の最初の四つを、精神的な観点から見直してみよう。

一番目の理由は自由意志がなくなることだ。自由意志とは不思議なものだ。誰もが盲信している。そもそもそんなものに意味があるのだろうか？　おそらくこの世に自由意志など存在しない。たぶん幻想だ。しかしほとんどの宗教が自由意志はあるとしている。宿命をより良いものに変えるための決断を下すためにも、天国に召されるための道徳的選択をするときにも、自由意志が必要だ。悟りを開いた仏教徒も、自由意志をもっていたからこそ超越した境地を求めて精進することができたのだ。

自由意志を古臭く感じる人もいるだろう。前衛的なナードの哲学者やエンジニア、革命論者たちは何百年も前から自由意志を否定してきた。

人は自然に進化を遂げてきた機械で、つまりは機械に過ぎないのだとなぜ考えないのか？　そうすれば、人をプログラムしてよりよい行動を取らせることができ、人間開発プロジェクトが発達するのに、と彼らは考えてきた。行動主義科学者や共産主義者、そして現代のシリコンバレーの社会工学者たちはみなそれを目標としてきた。

しかし、ナードがこの世界から自由意志を消し去ろうとするたびに、自由意志は限られた別の場所に集中的に出現してきた。狂信的なナードは、共同体のアルゴリズムやＡＩが、やがて個人の創造性をはるかに凌ぐ力を発揮するようになる、と予言する一方で、シリコンバレーの起業家やＡＩプログラマー、あるいは夢想家こそが世界を変え、この宇宙を少し進歩させ（スティーブ・ジョブズの言葉だ）、未来を作るとも主張した。

ＢＵＭＭＥＲとの付き合いは、一見自由意志の死を意味するように見える。あなたは、選択権の大半をはるか彼方の巨大企業とその顧客に委ねることになる。彼らは、あなたがもつべき自由意志のうち統計的に操縦可能な部分を引き受け、それはあなたの意志の及ばないものとなる。彼らは、あなたが誰と知り合い、何に興味をもち、何をすべきかを決定し始める。けれども、このしくみを動かしている人々が、驚くほど短期間に、巨額の富と権力を手にしたことは周知の事実だ。彼らは権力を手に入れたが、もしも自由意志が存在しないのなら、権力を維持することなどどうしてできるだろう？

つまりＢＵＭＭＥＲには、自由意志の本質を存在論的にではなく構造的に変えてしまう生来的な力が備わっている。かくして自由意志は、どんなに軽んじられても存在し続けることになった。これまでとの重大な違いは、今やあなたの自由意志は少なくなり、あなたが知らない少数の人々がより多くの自由意志をもつようになったことだ。あなたの自由意志の一部が彼らのものとなった。自由意志は金ピカ時代のお金に似たものとなった。

この変化は政治や経済を超越するものだ。なぜなら、このように自由意志を変えてしまうことは、指導者だけが神の委託を受けていると主張してきた宗教の十八番《おはこ》だから。

二つ目の理由として挙げたのは、ＢＵＭＭＥＲと名付けたしくみに対するある懸念だった。現代的なものすべてを諦めるのではなく、変えるべき点をはっきりさせることが狙いだった。ＢＵＭＭＥＲというしくみは、単なるテクノロジーの組み合わせではなく、邪悪な動機にまみれたビジネスモデルであることがわかった。

これもまた宗教に似てはいないだろうか？　私のＢＵＭＭＥＲへの批判は、カトリックの免償の習慣に疑問を呈したプロテスタントの思いに似ているかもしれない。ある宗教のシステムは拒絶しながらも、その本質的な教えは受け入れる、ということは昔からよくあることだった。

もしもＢＵＭＭＥＲについての私の考えが正しければ、インターネットを利用したプロジェクトそのものには何の問題もないということになる。そうであれば、私たちはインターネットの本質を楽しむことができる。ＢＵＭＭＥＲは人々に、ＢＵＭＭＥＲがなければ、あらゆるデバイスやインターネットが使えなくなり、苦しいときに助けてくれる支援グループもなくなると信じさせたがっているが、それは嘘だ。それは、ＢＵＭＭＥＲを使うことによって、あなた自身が拡散し、増大させている嘘だ。腐敗しかけている教会の礼拝に出席する人々が、その腐敗をさらに進めてしまうのと同じことだ。

三番目の理由は最低の人間になってしまうからだ。復習しておくと、これはいつでも誰に対しても最低の人間になるという意味ではない。あなたの一匹狼／群れスイッチが群れに入ったときだけだ。そのときあなたは、群れの内部の力関係と、別の群れとの力関係しか目に入らなくなる。そして別の群れのメンバーや、自分の群れの自分より下位の者に対して、またときには同じ群れの中のライバルに対して、最低の行動を取るようになる。

あなたがやるべきことは、今現在、あるいは過去に世界で起きた紛争に宗教がどんなふうに関わってきたかに目を向け、宗教の世界にも同じような力関係が働いていることに気づくこと、それだけだ。実際、近年よく見られるのは――政治的な理由の章でいくつかの残念な例を紹介した――ＢＵＭＭＥＲが、人々のエンゲージメントをできるかぎり高める目的で、過去の宗教的対立を再燃させる例だ。

四番目の理由は、真実を歪めることで、精神的な意味合いが非常に大きい問題だ。厳格な宗教のなかには、根拠のない事象や、論理的に否定できる事象を信じるよう信者に求めるものがあるかもしれない。たとえば、信者がいまだに天動説を信じている宗教もある。[註1]

ある組織に教えられた、というだけの理由で何かを信じることは、その組織に自分の認知力を譲り渡してしまうことだ。BUMMER依存者は、その世界を楽しむために少なくともいくつかの馬鹿げた考えを受け入れざるを得なくなる。BUMMERのアルゴリズムの知恵を鵜呑みにして、アルゴリズムから読めと命じられたものを読まなくてはならない。たとえ、アルゴリズムはそれほど偉大なものではないことを示す証拠があったとしても。[註2]大部分のBUMMERの世界では、トロールに煩わされたくなければ、くだらない陰謀論を受け入れなくてはならない。そこではあなたは、エンゲージメントを高めるアルゴリズムによって、あなたと正反対だと決められたあらゆる集団を排除しようとする世界観を身につける必要がある。[註3]

ここまで私は「精神的」「宗教的」という二つの言葉を使い分けてきたが、それには次のような理由がある。宗教は一般に、経験的に実証されていない特別な仮説と結びついているが、精神性はおそらくそうではない。概して精神性のほうが、宗教よりも啓蒙思想と共存しやすい。

啓蒙思想は、人間の権力構造に追従しない学び方を良しとするものだった。啓蒙思想は根拠に基づいた科学的な手法と理論を大切にする。科学や工学はこれまで啓蒙主義的認識論を採用してきたが、現在はぞっとするほど退行的なBUMMER認識論に蹂躙されてしまっている。

読者はおそらく、「ミーム」という言葉を知っているだろう。ウィルスのように感染を広げるBUMMERの投稿のことだ。しかし元々は、「ミーム」は思考や意味に関する哲学的な用語だった。

ミームは進化生物学者のリチャード・ドーキンスが造った言葉だ。ドーキンスは、ミームを文化的因子だと定義し、それらはダーウィンの自然淘汰に似通ったしくみによって、競合し、次世代に伝えられたり伝えられなかったりすると考えた。ファッションやアイデア、習慣のなかに社会に根づくものもあれば、消えていくものもあるのはそのせいだ。

このミームの概念を用いれば、ナード以外の人々が行うすべてのこと――人文科学全般や文化、芸術、政治――もまたミームの競争の一例だと、ナードには習得可能な高レベルのアルゴリズムのサブルーチンに過ぎないのだと、見なすことができる。インターネットがこの世に出現したとき、ドーキンスのこの考えは非常にもてはやされた。テッキーの自尊心をくすぐるものだったからだ。

　インターネットのごく初期の頃から、ミームの感染的な広がりを、非常に素晴らしいと称賛する声があちこちで上がっていた。そのように考える集団は今でも健在だ。ミームは、私がサイバネティクス全体主義と呼んできた、今もなおＢＵＭＭＥＲの基礎をなす哲学への共感を示す方法として生まれたものだった。

　ミームには自分の意見を世間に広める効果がある、とあなたは思うかもしれないが、それは常に幻想だ。たとえばある政治家についての感染力の強いミームを投稿すれば、あなたの主張を広められるかもしれないが、広い視野に立って考えると、バイラルなもの〔インターネット経由で急速に広まる写真や映像、ジョークなど〕こそ真実だという考えを広めていることになる。あなたの主張は、どんなものであれ、よりバイラルな主張によって覆されることになるだろう。そういうしくみになっているのだ。ＢＵＭＭＥＲの設計者は、ミームの信奉者だったのだから。

　もっともっと広い視野から見ると、バイラルなものこそ真実だと言えるのかもしれない。

ミームを信じることが真実につながることは確かにある。しかしそれは先のこと――遠い先のことだ。たとえば、悪意あるミームを信じて気候変動への対策を講じなかったために人類が滅亡してしまえば、何億年も先の未来のそのときには、高い知性をもつタコの一種がこの地球を支配するようになり、人類の遺骸を見つけて何が問題だったのだろうと思考をめぐらすかもしれない。

理性は進化とは異なる。もっと揺るがないものだ。けれども、理性が働くメカニズムを我々人類は知らない。

人の頭の中では、ミームをはるかに超えることが起きている。謎を解き明かす人間の能力のしくみは、いまだ解き明かされない謎だ。テッキーにとって、これが受け入れがたい真実となりうることは明らかで、なかにはこの真実を否定して生きようとする者もいる。

テッキーが受け入れたくない真実とは次のようなものだ。人類は今のところ、思考や対話を科学的に説明できていない。脳内に考えが浮かぶしくみも解き明かされていない謎だ。考えとは何か、ということも科学的に説明できない。これは、人類がそれらを科学的に理解することは不可能だ、という意味ではなく、今はまだ理解できていないということだ。そんなものはいつでも理解できるのだから、すでに理解しているのも同然だという振りをすることはできるが、それは自分に嘘をついているに過ぎない。

政治や文化、芸術、法律について論じるとき、量より質が重要だと言うことは可能だが、じつは私たちは質とは何かを明確に説明することもできない。我々人類が設計するアルゴリズムには、テロリストや海外の情報機関と、世界を破壊する意図をもたない普通の人々を見分けることとさえできない可能性がある。

真実の探求に何よりも必要なのは、自分の無知さに気づく能力であるはずだ。無知であることを認めることは、科学の世界と精神世界に共通する素晴らしい特性だ。BUMMERはそれを否定している。

BUMMERによる政治や芸術、経済、生活においては、バイラルな特性こそが真実なのだ。

ここでは最初の四つの理由のより根本的な意味を考えてみた。残りの理由についても同じようにするつもりはない。BUMMERが人間の精神の特性を自らの設計と入れ替えたことは、もう十分伝わったことだろう。しかし、考えなくてはならないことはまだある。

BUMMER信仰

すべての謎を科学的根拠を挙げて解き明かせるわけではない。だから、謎めいたものを信じることとは、必ずしも科学を否定することではない。宗教は、うまくいけば、科学の力では解き明かすことのできないもっとも深遠でもっとも重要な、最高にデリケートな疑問、たとえば人生の究極の意味や、ものの存在理由、意識とは何か、死とは何か、意味の本質は、といった疑問さえも解決してしまう。

ＢＵＭＭＥＲを利用するためには、あなたはいま挙げた疑問に対するＢＵＭＭＥＲの答えを少しずつ受け入れていかざるを得ない。ＢＵＭＭＥＲはちゃんと答えを用意している。ひどい答えばかりを！　これは、私が何よりも苛々させられるＢＵＭＭＥＲの特性だ。

たとえば人生の目的は、ＢＵＭＭＥＲによると、最適化だ。グーグルの言葉を借りれば「世界中の情報を整理すること」だ。しかし、シリコンバレー流の世界観では、あらゆるものが情報とされている。つまり最適化によって、出来事、人の身体、その他諸々がハッキングされるようになるということだ。だからグーグルのミッション・ステートメント（「世界中の情報を整理し、世界中の人がアクセスできて使えるようにすること」）は、テック文化においては「すべての現実を整理する」という意味になる。グーグルがAlphabetという名称の妙な会社（グーグルとそのグループ企業の持株会社）を設立したのはそのためだ。あなたは、グーグルが掲げる使命や世界観を気にしたことなどないかもしれないが、検索結果の上位にランクされるように自分のプレゼンスを最適化したり、見栄えよく動画を最適化したりすることは、その世界観や使命を受け入れることなのだ。あなたの人生の目的は今や最適化となっている。あなたはBUMMERの洗礼を授けられたのだ。[註4]

うんざりするような経営理念を考え出すのはたいていグーグルのほうが得意なのだが、現在はフェイスブックが一歩リードしている。最近改訂されたフェイスブックのミッションには、「すべての人が目的意識とコミュニティをもつこと」[註5]を目指す、という遠回しの指示が含まれている。一介の企業が、自らの責任ですべての人に目的意識をもたせようとしている。人々に目的意識が欠けているという思い込みがあるからだ。これが新手の宗教でなければ一体何なのだろう?

グーグルが「死を解決する」プロジェクトを始動させたのはよく知られている話だ。[註6]これは非常に宗教的な主張で、世界の宗教界が、グーグルに対して著作権侵害によるコンテンツの削除通知を行わないことに私は驚いている。[註7]グーグルはこのプロジェクトを長寿あるいは老化についての研究とすることもできたが、まっすぐ獲物を狙いにいった。それは、人々のもっとも神聖な領域の支配者となることだ。BUMMERが何かを手に入れるためには、あなたを手に入れることが必須なのだ。

フェイスブックもまたこのゲームに参加している。死亡したユーザーのフェイスブックページは霊廟となり、メンバーしかアクセスできなくなる。そしてメンバーになるためには、あなたはおとなしくBUMMER信者となる他ない。

グーグルの技術開発責任者であるレイ・カーツワイルは、スマートフォンで撮影した写真を自社のクラウドに保存するのと同じやり方で、やがては人々の意識をクラウドに保存できるようになるだろうと公言している。そして彼が、そのオンラインサービスが実現する日まで生き延びるために、不老長寿の薬を毎日服用して一ケースまるまる飲んでしまったのは有名な話だ。これが何を意味するのかよく考えてほしい。グーグルが言いたいのは意識は存在しないということではない。意識がどんなものであれ、グーグルがそれを管理する。そうでなければこのサービスに何の意味があるのだ？　ということなのだ。

グーグルがこの先永遠の命を管理するようになる、と信じている人がどれだけいるかはわからないが、しかしグーグルのこの巧みな言説が、BUMMER企業は大衆の暮らしに関する情報を大量に集め、支配するべきだという考えを、どこか自然で適切なことのように感じさせる役割を果たしているのは間違いない。

この考え方は単に形而上学的であるだけでなく、形而上学的帝国主義だ。もしもあなたが、この考えを明確にであれ、行動を通してであれ、少しでも受け入れているなら、もはや自分は無神論者だとか不可知論者だとか名乗るべきではない。あなたは改修者だ。

BUMMERの天国

ＢＵＭＭＥＲが今のような働きをするようになった理由の一つは、ＢＵＭＭＥＲ企業に勤務するエンジニアのなかに、企業にとっての最優先事項は同時代の人類に貢献することではなく、将来地球を受け継ぐことになる人工知能を開発することだと信じている人が多いからだ。彼らが大衆を監視し、行動修正の方法の検証を続けているのは、おそらく将来のＡＩの知能の元データを収集するためだ（ＡＩ開発の目的は人々を操縦することだと彼らが信じていないとも限らない）。

大手テック企業は、熾烈な「ＡＩ開発競争」に本腰を入れていると公言していて、その開発が何よりも優先されていることも多い。[註8] 世界最大の企業の一つの重役が、人類がＡＩに取って代わられるとされる、差し迫るシンギュラリティの可能性について語るのを耳にするのもごく普通のこととなった。シンギュラリティは、歓喜（最期のときに天国に召されて神と霊的に交わること）を望むキリスト教福音派の人々に向けたＢＵＭＭＥＲ教の答えだ。そして、この答えの奇妙さは、ＢＵＭＭＥＲの顧客たち――テクノロジスト自身であることも多いのだが――がＡＩを合理的で筋道の通った概念だと受け止め、それに基づいて支出についての意思決定を行うことによって、打ち消される。[註9]

ばかばかしい話だ。ＡＩは我々コンピューター科学者が、ずっと昔に研究資金を手に入れるために考え出した作り話だということを、みな忘れてしまっている。当時は、研究資金を国の機関からの助成金に頼っていたのだ。あれは実利目的の作り話だった。ところが今や、ＡＩ物語が作者の手を離れて一人歩きしている。

ＡＩは夢想であり、我々コンピューター科学者がコードについて語る際の空想物語に過ぎない。これは、エンジニアの怠慢さを覆い隠す隠れ蓑《みの》でもある。フィードをカスタマイズするＡＩプログラムと呼ばれるものを設計するほうが、ユーザーが自分の思い通りのものを見られるように探求し改善できる、高機能なユーザーインターフェースを開発するよりずっと簡単なのだ――なにしろ、ＡＩには何が成功かを計る客観的基準がないのだから。

そもそも、どのプログラムを人工知能と呼ぶかを一体誰が決めるのだろう？

一九九〇年代に、私は友人たちと協力して、誰かの表情をトラッキングし、動物や他の誰かが同じ表情をしているようにリアルタイムで動画化する初めてのプログラムを作った。しかし誰もそれをＡＩと呼ぼうとは考えなかった。あれは、愉快な画像処理の一つに過ぎなかった。しかし今では、その種の技術もＡＩと呼ばれることがよくある。

あらゆる種類のプログラムが、そのときによってＡＩと呼ばれたり呼ばれなかったりするわけで、だからＡＩと呼ばれるプログラムが一つ増えるごとに、ＡＩ研究の成功の基準は必然的に曖昧になっていく。ＡＩはエンジニアにとってのロールプレイングゲームに過ぎず、そもそも、本物の技術的功績ではない。

ＡＩと呼ばれるアルゴリズムの多くは興味深いもので、もちろん実際に役に立つが、ＡＩ物語として語られないほうがより理解しやすく——より役立つことさえあるかもしれない。このことについては、経済についての章で例を挙げて説明した。外国語の翻訳をしている人は、お前たちはもうすぐ要らなくなると言われている。彼らは食べていく手段を失いかけているだけでなく、尊厳まで奪われている。なぜなら、彼らが不要な人材だという話は嘘だからだ。彼らには今も価値がある。彼らは必要とされている。彼らがコツコツ積み上げてきたデータがなければ、「機械翻訳サービス」など成り立たないからだ。

BUMMERのない実存

もっとも深遠な精神的、あるいは哲学的問題についてここで論じるのはほぼ不可能だ。なにしろ、その種の話題にはみなとても敏感だから。しかし、ＢＵＭＭＥＲが一方的に答えを押しつけようとしている本質的な疑問についての自分の考えを述べなければ、責任を回避することになる。これから述べる言葉が、ごく普通の、議論の余地のないものだと受け止められることを願っているが、願ってもそのとおりになるとは限らない。

私には意識がある。そしてあなたにももちろん意識があるはずだ。私たちはそれぞれ経験している。

これは驚くべきことだ。私は経験を自然なことだとも超自然なことだとも考えていない。知識がないので、それ以外の捉え方があるかどうかもわからない。

私たち人間は脳について研究することができるが、脳が何らかのことを行うためには必ず経験を必要とするのかどうかはわからない。経験とは神秘的なものだ。どんな神秘よりも奥が深い。なぜなら、私たち人間はそれを分解して調べる方法を知らないからだ。経験の断片（それを「クオリア〔感覚的経験に伴う独特の質感〕」と呼ぶ人もいる）について語ることに意味があるのかどうかも私たちにはわからない。

経験の存在は、死後の世界があるという一縷《いちる》の望みを私たちに抱かせるが、人は生きているときに経験する、という事実だけでは、死後の世界が存在することの証拠とはならない。とはいえ、人生で体験する不可思議な内的経験を、死後の世界はあるという希望や確信の根拠とすることはなんら不合理なことではない。今現在のこの奇妙な現実世界で何が起きているかが本当にわかっている人は一人もいないが、もしもあなたがこの世界に存在する前向きな気持ちや奥ゆかしさ、革新的な創造性に目を向ければ、おそらく経験はより多くのものと結びつくことだろう。

私たちは経験に気づき、それを楽しみ、その不思議さに感情的に反応することができる。おそらく好ましい反応さえもすることができる。経験が存在すると認めることによって、私たちは今より心優しくなれるかもしれない。人は機械などではないとわかるからだ。他の誰かの中に、まったく別の経験の中枢が、全宇宙が、魂が隠されていると信じられれば、今よりは、その人を傷つける前に立ち止まって考えられるようになるかもしれない。

BUMMERのアンチマジック

テック文化でよく言われているように、機械にも「平等の権利」が与えられるべきだろうか。実際、サウジアラビアでは「女性型」ロボットに市民権が与えられたが、サウジの女性たちはこの市民権を認められていない。[註10]
これは人と機械の平等をめぐる重大な問題だ。ここで、あなたの行動に影響を与える共感の輪があると考えてみよう。その共感の輪には、あなたが受け入れ、人間として認めている人々が含まれる。その輪を広げすぎてしまうと、その影響力は低下する。あなたは共感などばかばかしいと感じるようになり、現実に存在する人間を傷つけていることにも気づかなくなる。本物の人間ではあるが声を上げられない人々を否定するために、口をきかない道具への共感を高めようとしているのはサウジの人々だけではない。中絶反対運動[註11]や動物の権利運動などの名目で、同じことが行われてきた。

ＢＵＭＭＥＲのビジネスには、ＡＩプログラムと呼ばれるコンピュータープログラムに共感する新たな宗教が織り込まれている。このビジネスモデルが、本物の人間の尊厳や名誉、そして権利を侵害するものであることに気づかせないためだ。

意識は、たとえそれ自体が幻想であっても価値を失わない唯一のものだ。幻想が存在するためには、その幻想を経験する必要があるから。しかし裏を返せば、自分が何かを経験していることに気づかないという選択をすれば、自分自身の意識を否定することも可能なのだ。

あなたは自分の意識をふっとかき消すことができる。自分を信じないことによって自分という存在を消し去ることができる。私はこれをアンチマジックと呼んでいる。

意識や経験の存在を信じさせないようにする――人それぞれの個性を否定する――社会を作れば、おそらく人は機械のようになるだろう。

それが今ＢＵＭＭＥＲによって現実になろうとしている。ＢＵＭＭＥＲにおける経験は、あたかも人が、ＢＵＭＭＥＲプラットフォームという巨大な超個体の下級細胞の一つと化したかのようなものだ。私たちはBUMMERに連結されたガジェットの数々に、人に話しかけるときのように話しかけ、その「会話」は機械じみた話し方をしたときのほうがよりうまくいく。自分は特別な存在でも何でもないように、心に浮かぶ霊的なひらめきなどないかのように暮らしていると、あなたは次第にそれを信じ込むようになっていく。

もしもこの、人間性の否定という新たな問題が、個人の精神的葛藤に過ぎないのなら、おそらくそれにどう対処するかは個人の責任だと言えるだろう。しかしこれは、より重大な社会的問題だ。

心の不安は、世界中で起きている一見無関係に見えるさまざまな問題を解き明かす普遍的な鍵だ。BUMMERの技術者が人間性の否定のためにもっともよく用いるのが「最新の」という言葉で、それを聞いた人々はもちろん恐怖を顕《あらわ》にする。まるで自分たちが否定されたかのように。これは当然の反応だ。なにしろ実際にそう言われているのだから。

現在、アメリカ社会の分断を引き起こしている問題はすべて、突き詰めれば人間は特別な存在であるのかどうか、魂というものがあるとすれば、それはどこにあるのか、といった問いに集約される。中絶を容認すべきか？　人間はやがて役に立たなくなり、少数のエリートテクノロジストを除くすべての人が、慈善的なベーシック・インカム制度のお世話にならざるを得ないのか？　この世のすべての人間が平等に扱われるべきなのか？　それとも、決定権をもつに値するのはコンピューターテクノロジーに詳しい特定の人々だけなのか？　いま挙げた問いは一見それぞれ別個のものに見えるかもしれないが、よく考えればどれも同じ一つの問いが形を変えたものだ。それは人間とは何か？　ということだ。

人間がどんなものであったとしても、あなたが人間であり続けたいのなら、アカウントを削除したほうがいい。

結び：猫には九つの命がある

本書が、読者が猫になるために役立ったことを願っている。しかし断っておくが、この本は、あなたが考えるべきソーシャルメディアの問題点を網羅するものではない。それにはとうてい及ばない。専門知識のある、内情をよく知っている者としての立場から、意見を述べたまでだ。

本書は、家族関係や若者、特に若い女性に対する理不尽な抑圧（これらのテーマについてはシエリー・タークルの著書を読んでほしい）に関する問題、ソーシャルメディアを使って性的虐待を働く詐欺師の手口、ソーシャルメディアのアルゴリズムが、人種差別的な、あるいはその他のぞっとするような理由によってあなたを差別するかもしれないこと（この問題についてはキャシー・オニールの著書が詳しい）、あるいはプライバシーの喪失が、どんなふうにあなた自身を悩まし、驚くべきやり方で社会を害するかなどの問題は取り上げていない。この本は問題の表面を引っ掻いた程度のものだ。なにしろ私は猫なので。

私のようなシリコンバレーの住人が、自分たちへの抵抗運動を呼びかけていることを読者は奇異に感じるかもしれない。しかし我々と戦い、建設的な抵抗をすることは、我々とは異なる別の勢力と、本書で説明済みの、すでに人々を羽交い締めにしている奇妙な経済的動機と戦うことなのだ。ある意味、あなたの抵抗には我々を自由にする力がある。敵対してほしいと言っているのではない、あなたに助けてほしいのだ。

あなたが我々を助けるために取れる最善の方法は、はるか彼方からあなたを操縦しようともくろむ人々を攻撃することではなく、ただ自分からソーシャルメディアを離れることだ。それが彼らに——我々に——針路を変えさせ、今やっていることを行うよりよい方法を見つけさせてくれる。

ソーシャルメディアなしにどうやって生きていけばいいのか、だって？　あなたのことをよく知らない私には、答えようがないが——何らかの刷新が必要にはなるだろう——一般論として言えることはある。インターネットを否定してはいけない。大切にしよう！インターネットそのものに問題はないのだから。

ソーシャルメディアを離れても、あなたは友人との付き合いを諦める必要はない。ソーシャルメディアではなくeメールで友人に連絡しよう。ただしプロバイダーに内容を読まれるアカウント——たとえばGメールは使わないように。あなたと友人の間に、盗み読みするような企業を介在させる必要はない。

ニュースも今までどおりオンラインで読むことができる。ニュースサイトに直接アクセスして読もう（あなた専用のフィードに送られるニュースではなく）。報道記者を雇っているサイトが特に望ましい。それぞれのサイトの論調を感じ取ろう。それができるのは、そのニュースサイトに直接アクセスしたときだけだ。すぐれたニュースサイトを定期購読しよう！一日三回読むだけで、ソーシャルメディアのユーザーよりニュース通になれる。それもより短時間で。コメントをブロックするブラウザ拡張機能を利用することを検討しよう。

あなたは、情報不足で苛々することにはならない。何かやることを見つけたいと思ったら、地元の文化やイベントを扱うウェブサイトにアクセスしてみよう。たいていの場合、熱心な地元の人々が運営する素晴らしいサイトが存在するものだ。自分でウェブサイトを始めるのもいい！

また少なくとも今のところは、グーグルアカウントがなくてもユーチューブを見ることができる。アカウントを使わず、また何らかのプライバシー保護の拡張機能を用いれば、誰かに操縦される心配のない体験を楽しめる。

面倒そうだって？　しかしどれだけ手間がかかったとしても、人生の舵を自分で取るようになったことで、全体としてはおそらく時間の節約になっているはずだ。ＢＵＭＭＥＲのビジネスモデルに、今までいかに時間を奪われていたかに気づいて、驚くことになるだろう。

全部やめてしまおう！　インスタグラムもワッツアップもフェイスブックと変わりなく、

やはりあなたを監視し、あなたの情報を掻き集めている。フェイスブックをやめた経緯をつぶやいたり、どんなふうにツイッターをやめたかをフェイスブックに投稿したりするのもやめよう。

あなたは必ずしも、国に働きかけてフェイスブックを規制させるか国営化さえさせて、もう一度フェイスブックを使うことや、フェイスブックにビジネスモデルを変えさせることを目指さなくていい。それらをやり遂げないことには、長期的な意味での人類の存続はないのだが。あなたの当面の目標は猫になることだ。

これは作文の練習と似ている。人は自分でも少しは文章が書けるようになってからでないと、文章をうまく読み取ることができない。教師が生徒に作文を教えるのは、全員をプロの物書きにするためではない。それは過酷すぎる期待だ。そうではなく、教師は生徒に、ものを書いたり、考えたりするとはどういうことなのかを学ばせたいと考えている。そうすれば、他人の文章をよりよく理解できるようになるからだ。インターネットも、自分の頭で考えて使ってみる期間が少しは必要だ。それは、世界を救うためだけでなく、あなたの健全さを保つためでもある。

この先、大勢の人々が一度にソーシャルメディアをやめてしまうようなことは起こらないだろう。ネットワーク効果による囲い込みと結びついたソーシャルメディアへの大量依存には侮れない威力がある。けれども、この問題に気づいた人が増えれば、その人たち――あなただ――はテック産業の心に訴えかけて影響を与えることができる。たとえ短期間でもあなたがアカウントの使用を中断することが、助けになる。

それだけなく、もっと深い意味もある。変化を起こすのは難しいことだが、あなたが善意の圧力をかけることによって、我々テッキーがじつは必要とし、求めてさえいる助けを我々に与えることができるのだ。巨万の富を蓄えたテッキーは孤立しやすく、手の届かない存在に見えるかもしれないが、本当はみんなと仲良くしたいと思っている。社会から隔絶されているのは気持ちのいいものではない。テッキーが、自分たちにも責任の一端がある問題の解決に取り掛かれれば、人々とのつながりを取り戻すことができ、それは嬉しいことだ。もしもあなたが、中傷とは違う形での我々への抗議の方法を見つけられれば、それは我々にとってもいいことだ。そして、あなたが自分の情報生活を自分で管理することが、それを見つけるすぐれた方法なのだ。

最後に、この問題についてどう考えるべきか、あるいはどうすべきかについて、私の考えを押しつけるつもりはない。BUMMER企業にあなたを変える権利などないように、私にもそんな権利はない。けれども、自分がどういう人間なのかを知らなければ、そしてそれがわかるまでは、あなた自身も、自分に何がふさわしいのかについて、正しい判断をできない。

下せない。そして何であれ、面倒がらずにちょっと試してみなければ、自分を知ることはできない。

今の世の中は驚くほど不平等で、誰もが同じ選択肢をもっているわけではないことはわかっている。しかしあなたが誰であろうと、自分の人生の可能性を探求するための選択肢をもっていてほしいと願っている。あなたが若い人である場合は特に。あなたの頭脳や、あなたの人生を型にはめてしまわないように気をつけたほうがいい。自然を探索に出かけるのもいいし、新しい技術を習得するのもいいだろう。リスクを恐れるな。ただし、どんな種類の探求をするにせよ、これだけはやってほしい。行動修正をもくろむ巨大テック企業としばらくの間——たとえば六か月ぐらい？——距離を置くのだ。気づいてほしい。本書のタイトルは『今すぐソーシャルメディアのアカウントを削除し、永遠に使わないほうがいい理由』ではない。試しにアカウントを削除してみれば、あなたは自分のことがもっとよくわかるようになるだろう。決断はそのあとだ。

謝辞

本書はちょっと変わった経緯で生まれた。本を書くと、それについて新聞や雑誌の記者と話す機会がある。以前に書いたバーチャルリアリティに関する著書について記者たちと話しているときに、それとは別の喫緊の問題が話題にのぼることがたびたびあった。ソーシャルメディアが世の中をかつてないほど陰鬱で狂気じみたものにしている。それについてどう考えるかと尋ねられたのだ。この本は、彼らの問いへの答えとして生まれたものだ。

この問題をもち出してくれた記者の諸氏に感謝しなければならない。ティム・アダムス、カマル・アフメド、トム・アッシュブルック、ゾーイ・バーナード、ケント・バイ、モーリーン・ダウド、モイラ・ガン、メアリー・ハリス、エズラ・クライン、マイケル・クラスニー、ラナ・ミッター、アディ・ロバートソン、ピーター・ルービン、カイ・リスダル、タビス・スマイリー、スティーブン・トゥイーディ、トッド・ツビリクの皆さんだ。

ジェリー・マンダーにも感謝を伝えたい。本書のタイトルは、彼の著書〔『Four Arguments for the Elimination of Television（邦訳『テレビ・危険なメディア――ある広告マンの告発』）』を指す〕への称賛の証だ。

わがまま者の私を仲間として受け入れてくれた、ケヴィン、サティヤをはじめとする大勢のマイクロソフト社の同僚たちにも感謝している。

ただし、本書に書かれていることはすべて私の個人的な考えだ。マイクロソフト社としての考えは一つもない。

我が家の猫たち、ルーフ、ポテト、ツノ、スターライトは、飼い馴らされないための方法を私に伝授してくれたが、そのことについてのいちばんの教師は、我が娘のリリベルだ。そしてもちろん、私の素晴らしい妻であるレナにも、ありがとうと伝えたい。

原注

猫についての序章

1 http://www.movingimage.us/exhibitions/2015/08/07/detail/how-cats-took-over-the-internet/
2 https://www.smithsonianmag.com/smithsonian-institution/ask-smithsonian-are-cats-domesticated-180955111/
3 愛犬家のみなさんお静かに！　犬も猫のように自分の意思で人と暮らし始めた、という説は次の通り。https://news.nationalgeographic.com/news/2013/03/130302-dog-domestic-evolution-science-wolf-wolves-human/.

理由１

1 https://www.axios.com/sean-parker-unloads-on-facebook-2508036343.html
2 https://gizmodo.com/former-facebook-exec-you-don-t-realize-it-but-you-are-1821181133. ただし、その数日後にパリハピティアはこの発言を見直し、フェイスブックは全般的には世の中のために役立ったと述べたことを付け加えておかねばならない。
3 https://mashable.com/2014/04/30/facebooks-new-mantra-move-fast-with-stability/
4 https://en.wikipedia.org/wiki/Catfishing
5 投稿のタイミングの最適化はほんの一例に過ぎない。ソーシャルメディアが提示する体験の選択肢はすべて、同様の方針で最適化されている。グーグルでかつて製品哲学を担当していたトリスタン・ハリスは、エッセイの中でさまざまな最適化の例を紹介しており、その中で、選択肢のすべてがユーザーにどのように示され、ユーザーはそこからどのように選択しているか、またあなたと他の人々が同じ選択肢を同時に見せられていることなどを説明している。「テクノロジーはいかにして人の心を乗っ取るか」と題するハリスのエッセイを参照してほしい。http://www.tristanharris.com/.
6 数学者はよく、この過程を想像上の「エネルギー地形」をゆっくり進む様子になぞらえる。エネルギー地形〔エネルギー地形解析は統計物理学のモデル〕上の位置はそれぞれ変化するパラメーターを示し、つまり、あなたは別のパラメーターを探しながら地形の上を這い進んでいるようなものだ。5秒の地点は、アルゴリズムが調整を停止した谷と一致している。視覚化されたこの地形上では、より深いほど適切な値だ。なぜならより深く進むほうがエネルギーを必要としないから。あるいは、より深く掘り進めば埋蔵されている金鉱にたどり着くから、と比喩的に考えてもいい。この思考の世界では、2,5秒という設定はより深い谷であり、5秒の谷から少し

進むくらいでは決して見つけられない。谷から這い上がろうとすれば必ず滑り落ちてしまうからだ。より深い谷を見つける唯一の方法は思い切って危険な大ジャンプをすることだ。
7 https://link.springer.com/article/10.1007%2Fs10899-015-9525-2
8 これはジャン＝ポール・サルトルの戯曲の台詞のもじりだ。探してみて！〔『出口なし』に「地獄とは他人のことである」という台詞がある〕
9 http://people.hss.caltech.edu/~lyariv/papers/DarkSide1.pdf
10 http://esciencenews.com/articles/2008/09/25/from.12.years.onward.you.learn.diferently
11 https://source.wustl.edu/2015/05/carrot-or-stick-punishments-may-guide-behavior-more-efectively-than-rewards/
12 https://hbr.org/2017/09/what-motivates-employees-more-rewards-or-punishments
13 http://onlinelibrary.wiley.com/doi/10.1002/job.725/pdf
14 https://repositories.lib.utexas.edu/handle/2152/24850
15 http://friendlyorangeglow.com/
16「スケーリング」とはシリコンバレーでは規模を増強することを意味する．そして、この「我々」には私自身も含まれる。なぜなら、1990年代当時、私はインターネット2〔学術研究を主目的とする米国最先端のネットワーキング・コンソーシアム〕のチーフサイエンティストであり、さまざまな大学が提携するこの共同事業の目的は、インターネットの規模が増大してもその機能を維持していくための解決策を模索することだったからだ。
17 独占状態は、売り手が一人しかいないときに生じ、一方需要独占は買い手が一人のときに生じる。iOS とアンドロイドのオペレーティングシステムは言わば複占状態にある。なぜなら、それらは実質上、スマートフォン用アプリの唯一のチャネルだから。しかし、アプリの使用料もすべて同じチャネルを介して開発者に流れるから、需要複占ともいえる。
18 https://www.washingtonpost.com/news/the-switch/wp/2017/10/31/facebook-google-and-twitter-are-set-to-testify-on-capitol-hill-heres-what-to-expect/
19 https://thestrategybridge.org/the-bridge/2017/5/10/how-russia-weaponized-social-media-in-crimea

---

理由２

1 https://www.theatlantic.com/magazine/archive/2017/09/has-the-smartphone-destroyed-a-generation/534198/
2 https://bits.blogs.nytimes.com/2011/12/03/how-the-internet-is-destroying-everything/

3 http://www.berkeleywellness.com/self-care/preventive-care/article/are-mobile-devices-ruining-our-eyes
4 https://en.wikipedia.org/wiki/The_God_that_Failed
5 https://www.forbes.com/sites/elizabethmacbride/2017/12/31/is-social-media-the-tobacco-industry-of-the-21st-century/
6 https://www.hud.gov/sites/documents/20258_LEGISLATIVEHISTORY.PDF
7 テレビ全盛期には、テレビはBUMMERになろうと最善の努力をしたが、個人に対する直接的なフィードバックループはもたなかった。情報量は多くなかったにもかかわらず、すさまじい努力の末、テレビはわずかにBUMMERに近づいた。それについては「カルティベーション理論」が詳しい。https://en.wikipedia.org/wiki/Cultivation_theory を参照願いたい。
8 この詳細については、あとの章で説明する。
9 デジタル広告費やマーケティング費は、今のところ世界全体の広告費やマーケティング費の半分にも満たないかもしれないが——思い出してほしい。テレビにはまだ影響力がある。とりわけ、テレビと一緒に育ってきた中高年に対しては——広告・マーケティング費全体は増加しており、新たな増加分のほんとんどがデジタル広告であり、そのほぼすべてがBUMMRと関連がある。なぜ社会は、その富をどんどん広告費につぎ込まねばならないのか？　このテーマについては数えきれないほどの産業レポートがあり、分析結果はさまざまだが、アナリストのほとんどが大筋で私の意見に同意している。
10 なぜグーグルはBUMMERのリーダー格とされるのだろう？　一つには、グーグルはフェイスブックが誕生する以前にこのしくみを開発したからだ。とはいえ、もしもあなたがグーグルが提供するものの一部、たとえばグーグルドキュメントしか使っていないなら、あなたはBUMMERなグーグルを体験していないことになる。しかし、グーグル検索、ユーチューブ、その他のいくつかのサービスは、必ずしもソーシャルネットワーキング・サービスに分類されていないがBUMMERに分類される。ユーチューブはあなたのユーザープロファイルを利用して、あなたを依存させるのに最適な動画を配信し、そこにはしばしば不愉快なコメント欄が含まれており、第三者が金銭を支払ってあなたの行動を変えさせるために別の動画を配信するよう要請したときに利益を生む。典型的なBUMMERだ。さらに、一見BUMMERではなさそうなグーグルの利用履歴、たとえばeメールの作成履歴も、BUMMERの部品を作動させるビジネスモデルの貴重なデータとなっている。
11 https://slate.com/technology/2018/03/twitter-is-rethinking-everything-at-last.html

---

理由3

1 https://www.nytimes.com/2017/12/30/business/hollywood-apartment-social-

media.html
2 ワッツアップはフェイスブック傘下にある。フェイスブックとは無関係なメッセージング・アプリだと思われがちだが、実際はBUMMERの主要なデータ収集装置だ。ワッツアップをそのような目的で使おうとするフェイスブックに対して、ヨーロッパでは相当数の法的な逆風が吹いている。(https://www.theverge.com/2017/12/18/16792448/whatsapp-facebook-data-sharing-no-user-consent を参照のこと).一方アメリカでは、ネットワーク中立性に関する規制がゆるいため、すべてのメッセージが、本来的な携帯電話間のテキストメッセージさえもBUMMERに収集される可能性があるが、本稿執筆時点では、まだ現実とはなっていないようだ〔2018年6月にネット中立性の規則を廃止する米連邦通信委員会（FCC）の決定が発効した〕。
3 最低の人間が生まれる理由についての、今現在もっともよく知られている科学的理論は、サイド理論だ。(https://en.wikipedia.org/wiki/Social_identity_model_of_deindividuation_efects を参照のこと)。ただし、ウィキペディアのこの記載内容についての編集合戦で最低の人間にならないと約束してほしい。お願いだ。フェイスブックの科学者による関連研究を読みたい方にはダスティン・チェンの考察をおすすめする。https://www.clr3.com/.
4 http://leesmolin.com/writings/the-trouble-with-physics/
5 ティム・ウーの著書『マスタースイッチ』への称賛の証だ。
6 https://www.recode.net/2016/12/29/14100064/linkedin-daniel-roth-fake-news-facebook-recode-podcast
7 http://www.spiegel.de/international/zeitgeist/smartphone-addiction-is-part-of-the-design-a-1104237.html
8 BUMMERを使わなければ、はっきりものを言いながらも嫌な人間にならないことが可能だ。本書が、ときに辛辣な言葉を吐き、感情的になりながらも、人を貶めたり、罵倒したりする本にはなっていないことを願っている。「BUMMERはうんざりだが、その大部分はただの愚かなビジネスモデルに過ぎず、その開発に携わる人の大半はすばらしい人たちで、ただ間違いを犯してしまっただけであり、我々は力を合わせてこの問題を乗り越えなくてはならない」。ほらね。人を憎まなくても、強い思いをきっぱりと伝えることはそれほど難しくない。実際、いま私がいる現実の世界では、心の内のトロールに支配され始めるときの感覚を思い出すのさえ、もはや困難になっている。私がオンラインへの投稿ではなく、本の形を選んだのはそのせいだ。

理由4

1 https://backissues.time.com/storefront/2017/is-truth-dead-/prodTD20170403.html
2 https://www.theguardian.com/media/2016/jul/12/how-technology-disrupted-the-truth

3 https://www.nytimes.com/interactive/2018/01/27/technology/social-media-bots.html
4 https://www.reuters.com/article/us-ashleymadison-cyber/infidelity-website-ashley-madison-facing-ftc-probe-ceo-apologizes-idUSKCN0ZL09J
5 https://www.forbes.com/sites/kashmirhill/2011/02/11/ashley-madison-lessons-in-promoting-a-sleazy-business/
6 https://slate.com/technology/2018/01/robots-deserve-a-first-amendment-right-to-free-speech.html
7 http://money.cnn.com/2017/05/24/media/seth-rich-fox-news-retraction/index.html
8 これは、新旧メディア企業が共謀しているという意味ではない。新旧メディア間には共謀よりも緊張があることのほうが多かった。思い出してほしい。BUMMERは、自らを自動で最適化するシステムだ。このシステムは有効なパターンを見つけ出すが、そのパターンを利用して金儲けをする人々の感情的、あるいは政治的意図には無頓着だ。フォックスニュースとツイッターの緊張関係はよく知られている。フェイスブックは、旧来のメディアに流れ込むはずだった金を吸い上げている。
9 https://www.dailydot.com/unclick/shitposting/
10 https://www.theguardian.com/us-news/2017/oct/31/facebook-russia-ads-senate-hearing-al-franken
11 https://respectfulinsolence.com/2017/09/28/antivaxers-on-twitter-fake-news-and-twitter-bots/
12 https://www.forbes.com/sites/robertglatter/2017/12/23/bot-or-not-how-fake-social-media-accounts-can-jeopardize-your-health/
13 https://www.usatoday.com/story/news/nation/2014/04/06/anti-vaccine-movement-is-giving-diseases-a-2nd-life/7007955/

理由5

1 http://www.telegraph.co.uk/technology/2017/07/03/youtube-refunds-advertisers-terror-content-scandal/
2 https://www.theverge.com/2015/2/4/7982099/twitter-ceo-sent-memo-taking-personal-responsibility-for-the/
3 http://www.bbc.com/news/uk-england-41693437
4 金融業界で働く数学の専門家。
5 この点については、2010年の拙著『人間はガジェットではない』(ハヤカワ新書)に記した。
6 http://www.slate.com/articles/business/moneybox/2013/07/how_one_weird_trick_conquered_the_internet_what_happens_when_you_click_on.html

7 第1章のエネルギー地形についての脚注を覚えているだろうか？　それを思い出してからこの脚注を読んでほしい！　プログラム設計の最適化のための微調整を、無限に広がりうる現実のシステム内ではなく、人間が作った観念的で制限のあるシステムの中で行うと、人々はエネルギー地形のちっぽけな谷に閉じ込められ、創造や進歩の機会を奪われることになる。

理由6

1 https://www.snopes.com/pizzagate-conspiracy/
2 ここでは、「共感」という言葉を他人が何を体験しているか、そしてそれにはどんな理由があるのかを理解する能力という意味で使っている。言い換えれば相手の立場に立って考える力だ。共感はその時代に応じた異なる意味をもちうる。およそ一世紀前に英語に取り入れられた際には、この言葉は、自分がこの世界の森羅万象のどれかになったとしたら、たとえば山や葡萄だったらどう感じるかを想像して伝えることを意味していた。この山と葡萄は、一番最初の実際の思考実験の例だ。共感は、バーチャルリアリティの美的、心理学的な予兆を示す芸術的な言葉だった。詳しくは https://www.theatlantic.com/health/archive/2015/10/a-short-history-of-empathy/409912/ を参照してほしい。
3 https://www.penguinrandomhouse.com/books/309214/the-filter-bubble-by-eli-pariser/9780143121237/
4 https://www.theguardian.com/technology/2017/jul/31/facebook-dark-ads-can-swing-opinions-politics-research-shows
5 https://www.forbes.com/sites/jaymcgregor/2017/07/31/why-facebook-dark-ads-arent-going-away/
6 https://slate.com/technology/2018/02/no-a-study-did-not-claim-that-fake-news-on-facebook-didnt-afect-the-election.html
7 私が暮らすようになってからも、バークリーは、攻撃的に振る舞いたがるオルタナティブ右翼の人々に繰り返し襲撃されている。何より驚きなのは、ピックアップトラックのバンパーに保守的な内容のステッカーを貼った男たちから、私や家族が意地の悪い目つきで睨まれることがたびたびあることで、しかも彼らはまったく面識のない人たちなのだ。一度など、「ほら、轢いちまうぞ」と嘲るかのようにこちらに進路を向けてきたこともある。車を運転していたその男が何を見てきたのかを知ることができれば、その彼に共感することもできただろう。話し合うこともできたかもしれない。BUMMER が私たちからその可能性を奪ったのだ。
8 https://www.wired.com/story/free-speech-issue-reddit-change-my-view/

理由7

1 https://arxiv.org/abs/1408.3550
2 https://papers.ssrn.com/sol3/papers.cfm?abstract_id=2886783
3 http://journals.plos.org/plosone/article?id=10.1371/journal.pone.0069841
4 https://academic.oup.com/aje/article-abstract/185/3/203/2915143
5 http://rsos.royalsocietypublishing.org/content/3/1/150292
6 http://www.ajpmonline.org/article/S0749-3797(17)30016-8/fulltext
7 https://www.theguardian.com/technology/2017/may/01/facebook-advertising-data-insecure-teens
8 http://www.sciencedirect.com/science/article/pii/S0747563214001241
9 https://www.nytimes.com/2014/07/01/opinion/jaron-lanier-on-lack-of-transparency-in-facebook-study.html
10 http://www.pnas.org/content/111/24/8788.full
11 https://newsroom.fb.com/news/2017/12/hard-questions-is-spending-time-on-social-media-bad-for-us/
12 https://slate.com/human-interest/2018/01/the-facebook-moms-group-that-has-helped-me-raise-kids-without-going-crazy.html
13 ソーシャルメディアを利用することのプラスとマイナスの効果を明らかにし、その特徴を述べた以下の研究がある。http://www.jahonline.org/article/S1054-139X(15)00214-1/abstract/. つながりを生み出すソーシャルメディアの特性は、体重を気にしている大学生の女性に有益だったが、互いをランク付けする特性は役立たなかった。この結果は、インターネットが生み出すつながりは有益なものとなりうるが、商業的ソーシャルメディアが強調しがちな、ある種の付加的な社会構造は有害である、という仮説を裏付けるものである。
14 もちろん、ある種の状況においてはソーシャルメディアは有益に働く。しかし全体としては、個人や社会によい影響を与えない。この問題についてのすぐれたオンラインの学術誌に Tailor & Fracis 社の *Media Psychology* がある。http://www.tandfonline.com/loi/hmep20/. を参照のこと。フェイスブックの信頼できる研究員であるモイラ・バークはソーシャルメディアの有益性を例を挙げて述べている。http://www.thoughtcrumbs.com/.
15 https://www.sciencedirect.com/science/article/pii/S0747563216302941
16 https://www.eurekalert.org/pub_releases/2015-05/sdsu-caa050415.php
17 http://annenberg.usc.edu/news/around-usc-annenberg/family-time-decreasing-internet-use
18 https://www.theguardian.com/society/2017/sep/23/stress-anxiety-fuel-mental-health-crisis-girls-young-women
19 http://www.pnas.org/content/pnas/early/2017/10/16/1708518114.full.pdf

20 http://www.smh.com.au/technology/smartphone-apps/fuelling-a-mental-health-crisis-instagram-worst-social-network-for-young-peoples-mental-health-20170520-gw9fvq.html
21 https://www.cbsnews.com/news/nsa-breach-shadow-brokers-michael-morell/
22 https://www.theguardian.com/media/2017/mar/07/wikileaks-publishes-biggest-ever-leak-of-secret-cia-documents-hacking-surveillance
23 トランプの所得申告書もこの秘密リストの一つと言っていい。
24 https://www.nytimes.com/2016/08/24/us/politics/facebook-ads-politics.html
25 https://papers.ssrn.com/sol3/papers.cfm?abstract_id=2475265
26 https://www.reuters.com/article/us-usa-immigration-visa/trump-administration-approves-tougher-visa-vetting-including-social-media-checks-idUSKBN18R3F8
27 https://www.forbes.com/sites/adp/2016/10/24/how-to-legally-use-social-media-to-recruit/#1fd4ebce29f4
28 https://www.tuition.io/2014/04/social-media-shocker-twitter-facebook-can-cost-scholarship-admissions-ofer/
29 https://www.edmunds.com/auto-insurance/car-insurance-companies-use-facebook-for-claims-investigations.html
30 https://www.theguardian.com/technology/2016/oct/11/aclu-geofeedia-facebook-twitter-instagram-black-lives-matter
31 https://www.forbes.com/sites/kashmirhill/2014/10/03/god-view-uber-allegedly-stalked-users-for-party-goers-viewing-pleasure/
32 http://fortune.com/2016/04/27/zuckerberg-facebook-control/
33 https://www.theguardian.com/media/2016/sep/21/does-quitting-social-media-make-you-happier-yes-say-young-people-doing-it

理由 8

1 この主張については、拙著『人間はガジェットではない』『Who Owns the Future?』で説明している。
2 https://papers.ssrn.com/sol3/papers.cfm?abstract_id=3093683/; https://www.economist.com/news/finance-and-economics/21734390-and-new-paper-proposes-should-data-providers-unionise-should-internet
3 BUMMER 化するのを踏み止まり、あえて会費制のビジネスモデルにシフトしたインターネットサイトもある。https://mobile.nytimes.com/2017/05/20/technology/evan-williams-medium-twitter-internet.html.
4 https://www.cbsnews.com/news/social-media-influencers-brand-advertising/

5 https://news.vice.com/en_ca/article/8xmmb4/what-does-it-take-to-make-a-living-on-social-media

---

理由9

1 この章では政治的な問題を取り上げる。まず最初に、わかりきったことを言っておかなくてはならない。これは重要なテーマであり、私は読者がおそらく知らないだろう側面を見てきた。だからそれについて話そうと思う。一方で、私は白人のテッキーだが、話を進めるためには、自分の世界と同程度にはとても知りえないこと、たとえばアメリカで黒人として暮らすことについても語らなくてはならない。ホワイトプレイニングやマンプレイニング〔男性が女性を見下すように何かを解説すること〕、テックプレイニング、その他のあらゆる偉そうな態度を批判されることになる可能性も高い。私の真意は伝わるだろうか？　きっと伝わると信じている。どうか、私の説明のうち、あなたに役立つ部分だけに耳を傾けてほしい。自分が何でも知っているわけではないことは、私もわかっている。

2 https://www.weforum.org/agenda/2017/06/millennials-are-rapidly-losing-interest-in-democracy/

3 https://www.nytimes.com/2017/10/29/business/facebook-misinformation-abroad.html

4 https://www.washingtonpost.com/world/asia_pacific/indias-millions-of-new-internet-users-are-falling-for-fake-news%E2%80%94sometimes-with-deadly-consequences/2017/10/01/f078eaee-9f7f-11e7-8ed4-a750b67c552b_story.html

5 http://www.securitycouncilreport.org/atf/cf/%7B65BFCF9B-6D27-4E9C-8CD3-CF6E4FF96FF9%7D/s_2016_963.pdf

6 http://www.nytimes.com/2012/02/19/books/review/how-an-egyptian-revolution-began-on-facebook.html

7 https://www.wired.com/2016/03/isis-winning-social-media-war-heres-beat/

8 http://www.dailymail.co.uk/news/article-4858216/Victim-Gamergate-s-horrific-online-abuse-reveals-trauma.html

9 http://time.com/3923651/meet-the-woman-helping-gamergate-victims-come-out-of-the-shadows/

10 http://www.zero-books.net/books/kill-all-normies

11 https://transequality.org/the-discrimination-administration

12 https://www.washingtonpost.com/news/acts-of-faith/wp/2016/06/08/trump-on-god-hopefully-i-wont-have-to-be-asking-for-much-forgiveness/

13 https://www.rawstory.com/2017/03/russians-used-bernie-bros-as-unwitting-agents-in-disinformation-campaign-senate-intel-witness/

14 https://www.vox.com/policy-and-politics/2018/2/24/17047880/conservatives

-amplified-russian-trolls-more-often-than-liberals
15 https://www.wired.com/story/how-trump-conquered-facebookwithout-russian-ads/
16 トランプ陣営のソーシャルメディア戦略統括責任者であるブラッド・パースケールは次のようにツイートした。「我々トランプ陣営が獲得したアクセスは間違いなくヒラリーの100倍から200倍だった。CPM（広告表示1000回あたりの料金）がほんの数ペニーという場合もあった。フェイスブックにとって @realDonaldTrump は完璧な大統領候補者だったのだ」
17 https://slate.com/technology/2018/03/did-facebook-really-charge-clinton-more-for-ads-than-trump.html
18 https://www.cbsnews.com/news/facebook-embeds-russia-and-the-trump-campaigns-secret-weapon/
19 http://www.nature.com/news/facebook-experiment-boosts-us-voter-turnout-1.11401
20 http://dailycaller.com/2016/08/24/facebook-is-determining-your-political-affiliation-tracks-your-activity/
21 http://www.pnas.org/content/111/24/8788.full
22 https://www.theguardian.com/world/2017/oct/21/russia-social-media-activism-blacktivist
23 イタリアの有権者は、完全なるBUMMERであること以外のどんな優良性ももたない政党を好んだ。https://www.nytimes.com/2018/02/28/world/europe/italy-election-davide-casaleggio-five-star.html.
24 本書を印刷所に出す直前に、フロリダ州の高校でおぞましい銃撃事件が発生した。いつものようにBUMMERがそこにいて社会を崩壊させる方法を探していた。https://www.wired.com/story/pro-gun-russian-bots-flood-twitter-after-parkland-shooting/.

理由10

1 http://www.independent.co.uk/news/world/middle-east/saudi-muslim-cleric-claims-the-earth-is-stationary-and-the-sun-rotates-around-it-10053516.html
2 https://weaponsofmathdestructionbook.com/
3 オルタナティブ右翼の作家「メンシウス・モールドバグ」の言葉でもっともよく知られているのは次のようなものだ。「いろいろな理由で、意味のないことがらは、真実よりも有効な組織化のツールだと言える。真実を信じることは誰にでもできる。しかし意味のないことを信じることは、まごうことなき忠誠心の証だ。それは政治的な制服の役目を果たす。そして制服があれば軍隊ができる」
4 BUMMERの精神は大学にも浸透している。若手研究者は、野心あふれるソーシャ

ルメディア・インフルエンサーがフォロワー数を競い合うように、論文の引用数を競い合わねばならない。
5 http://www.businessinsider.com/new-facebook-mission-statement-2017-6
6 http://time.com/574/google-vs-death/
7 このプロジェクトは、Alphabetの子会社であるCalicoによって継続中だ。
8 http://www.nationmultimedia.com/technology/Google-makes-machine-learning-artificial-intellige-30273758/; https://www.cnbc.com/2017/08/02/microsoft-2017-annual-report-lists-ai-as-top-priority/; https://www.fastcompany.com/3060570/facebooks-formula-for-winning-at-ai-/; https://www.reuters.com/article/us-amazon-com-reinvent-ai/amazon-steps-up-pace-in-artificial-intelligence-race-idUSKBN1DV3CZ
9 https://komarketing.com/industry-news/ai-digital-transformation-top-marketers-priorities-2018/
10 https://www.washingtonpost.com/news/innovations/wp/2017/10/29/saudi-arabia-which-denies-women-equal-rights-makes-a-robot-a-citizen/
11 人間は尊重すべき存在だと考える私が、どのように気持ちに折り合いをつけて中絶の権利を認めるに至ったかを述べた過去のブログは次の通り。https://www.huffingtonpost.com/entry/the-latest-innocent-embry_b_8547.html

［著者］

ジャロン・ラニアー

Jaron Lanier

コンピューター科学者、音楽家、作家。バーチャルリアリティ研究の大家であり、デジタル環境における、人間の尊厳と持続可能な経済についての提言で知られる。彼が1980年代に創業したVPL Research 社は、VR製品を初めて商業化し、アバターやマルチパーソナルなバーチャルリアリティ体験、そして外科手術シミュレーションなどの主要なVRアプリケーションの原型を開発した。「バーチャルリアリティ」という名称を考案。2000年代よりマイクロソフトの社外研究者およびカリフォルニア大学バークレー校起業家・技術センター（CET）客員教授を務める。09年、IEEE（米国電気電子学会）からLifetime Career Awardを受賞。ニュージャージー工科大学で名誉博士号を取得したほか、カーネギーメロン大学のWatson Awardを受賞。著書『Who Owns the Future』、『人間はガジェットではない』（ハヤカワ新書）は世界的ベストセラーに。本書は「フィナンシャルタイムズ」ベストブック2018、「WIRED」オールタイム・フェイバリットブックに選出されている。

［訳者］

大沢章子

Akiko Osawa

翻訳家。訳書に、R・M・サポルスキー『サルなりに思い出す事など　神経科学者がヒヒと暮らした奇天烈な日々』、D・サヴェージ『キッド　僕と彼氏はいかにして赤ちゃんを授かったか』（みすず書房）、N・トンプソン『文化戦争　やわらかいプロパガンダがあなたを支配する』（春秋社）、S・レ『食と健康の一億年史』（亜紀書房）などがある。

今すぐソーシャルメディアの
アカウントを削除すべき10の理由

2019年5月18日　第1版第1刷 発行

著　者　ジャロン・ラニアー
訳　者　大沢章子
発行所　株式会社亜紀書房
〒101-0051
東京都千代田区神田神保町1-32
電話03(5280)0261
http://www.akishobo.com
振替 00100-9-144037

印刷所　株式会社トライ
http://www.try-sky.com

装　丁　金井久幸［TwoThree］

ISBN978-4-7505-1584-7